TRIVSEL I ORGANISATIONER
UNDER FORANDRING

Analyse og interventioner med tilstandsmodellen

Henrik Boisen

TRIVSEL I ORGANISATIONER UNDER FORANDRING

Analyse og interventioner med tilstandsmodellen

FSC
www.fsc.org
MIX
Papir fra
ansvarlige kilder
Paper from
responsible sources
FSC® C105338

TRIVSEL I ORGANISATIONER UNDER FORANDRING
Analyse og interventioner med tilstandsmodellen

© 2019 Henrik Boisen

Illustrationer: Henrik Boisen

Forlag: Books on Demand GmbH, København, Danmark

Tryk: Books on Demand GmbH, Norderstedt, Tyskland

ISBN: 978-87-430-0897-2

INDHOLD

DEL II   61

INTRODUKTION

Denne bog henvender sig til ledere, konsulenter arbejdsmiljørepræsentanter og studerende samt alle andre, der har interesse for trivsel og mistrivsel i organisationer under forandring. Jeg behandler i bogen både psykologiske, sociale og kulturelle aspekter af trivsel. Bogen vil kunne anvendes i undervisningssammenhænge på uddannelser i ledelse og organisation på såvel grundlæggende og videregående niveauer.

Bogen præsenterer en model, *Tilstandsmodellen,* som kan bruges til at tydeliggøre og afdække forskelle, modsætninger og ubalancer i oplevelser af stabilitet, forandring, identitet og legitimitet i organisationer under forandringer. Det er håbet, at denne bog herved kan bidrage til at opretholde eller gendanne trivsel på arbejdspladser.

Traditionelt har der i ledelses- og arbejdsmiljøspørgsmål helt berettiget været meget fokus på den enkeltes belastning som følge af arbejdspres, manglende information og inddragelse eller autoritære ledelsesformer. Der har ligeledes, men dog i noget mindre omfang, været et berettiget fokus på psykodynamiske og mere ubevidste belastninger og konflikter i organisationer (se også s. 49). Det er en grundlæggende antagelse i bogen, at der ved siden af ovennævnte mekanismer også forekommer psykiske belastninger og konflikter som følge af sociale og kulturelle forskelle i organisationer, der måske ikke i samme grad har været italesat og problematiseret i spørgsmål om trivsel hidtil.[1] Det er min erfaring, at mange forandringsprocesser mislykkes eller trækkes unødigt ud, når sociale og kulturelle forskelle ikke medtænkes i forandringsprocesser. Psykiske belastninger, pres og mistrivsel blokerer og forsinker implementering af forandringer, idet disse aspekter er så væsentlige for deltagerne, at de i virkeligheden ikke kan springes over og overses.

Tilstandsmodellen omfatter både psykologiske og sociale forhold på individ, gruppe som systemniveau og lægger dermed op til en bred forståelse af trivsel og arbejdsmiljø i organisationer. Det er mit håb, at jeg med disse aspekter kan supplere andre teorier og modeller vedrørende trivsel (Se s. 53).

BOGENS OPBYGNING

I bogens DEL I bliver tilstandsmodellens forskellige begrebspar og balancerne imellem dem præsenteret. Jeg anvender i den sammenhæng både begreber fra udvalgte teorier samt egne erfaringer, der har

---

[1] Pernille Strøbæk (2009) og Mogens Aggervold (2006) problematiserer, blandt andre, at den skandinaviske arbejdsmiljø- og ledelsestradition mangler at inddrage sociale aspekter i spørgsmålet om trivsel.

dannet baggrund for modellens elementer. DEL I indeholder endvidere cases, der kan illustrere pointer og problemstillinger undervejs. DEL I afsluttes med en kort beskrivelse af andre kendte modeller om trivsel og motivation i organisationer. For at lette læsningen har jeg i denne del kun undtagelsesvist angivet litteratur og fodnoter vedrørende teori og begreber. Relevant litteratur er i stedet tydeliggjort i DEL III, hvor teorierne der ligger til grund for tilstandsmodellen bliver behandlet nærmere.

Del II angiver nogle anvendelsesmuligheder af tilstandsmodellen. I denne del anvendes tilstandsmodellen til at analysere case beskrivelserne fra DEL I samt til at pege på mulig handling i forhold til samme. Case beskrivelserne bliver herefter også kort behandlet med perspektiver fra de andre kendte modeller om trivsel og motivation, der blev beskrevet i DEL I.

DEL II beskriver herefter nogle overordnede betragtninger vedrørende teorier og metoder der kan anvendes sammen med tilstandsmodellen i praksis og endeligt afsluttes DEL II med eksempler fra ledelsesteorier og egne ledelseserfaringer, der mere generelt kan være relevante i forhold til trivsel i organisationer under forandring. Jeg har, som i DEL I, kun undtagelsesvist angivet litteratur og fodnoter vedrørende teori og begreber. i DEL II

I DEL III behandler og diskuterer jeg mere indgående tilstandsmodellens bagvedliggende teorier og begreber og problematiserer sammentænkningen af disse i tilstandsmodellen. DEL III indeholder derfor også en beskrivelse af det videnskabsteoretiske perspektiv, jeg anvender i bogen. DEL III er generelt mere teoretisk og analytisk problematiserende, end DEL I og DEL II.

Tak til min kone Sonja Boisen for udstrakt tålmodighed, redaktion og korrektur.

DEL I

TILSTANDSMODELLEN

Tilstandsmodellen er tænkt som et analyseredskab, der kan bruges til at undersøge ledere og medarbejderes trivsel ved at fokusere på forskelle og balancer mellem forskellige psykologiske og sociale aspekter under forandringer. Det er bogens påstand, at ubalancer mellem disse aspekter potentielt kan give anledning til mistrivsel og manglende motivation.

Modellen retter opmærksomheden mod situationer og tilstande, hvor nye idéer og praksis enten betyder for stor ustabilitet og et for stort forandringspres for medarbejdere og ledere, eller hvor de harmonerer dårligt med værdier, faglige identiteter eller kultur blandt samme. I først nævnte tilfælde kan forandringen blive for overvældende og utryghedsskabende. I sidstnævnte tilfælde kan der ske tab af mening og formål eller tvivl om hvad der forventes i arbejdet. Tilstandsmodellen opstiller mere konkret fire begrebspar, som kan undersøges på individ, gruppe og organisationsniveau. Disse begrebspar opstilles som aspekter der eksisterer i balanceforhold til hinanden.

- *Stabilitet* og *tryghed* overfor *forandring* og *uvished*
- *Identitet* og *selvopfattelse* overfor *legitimitet* og *styring*.

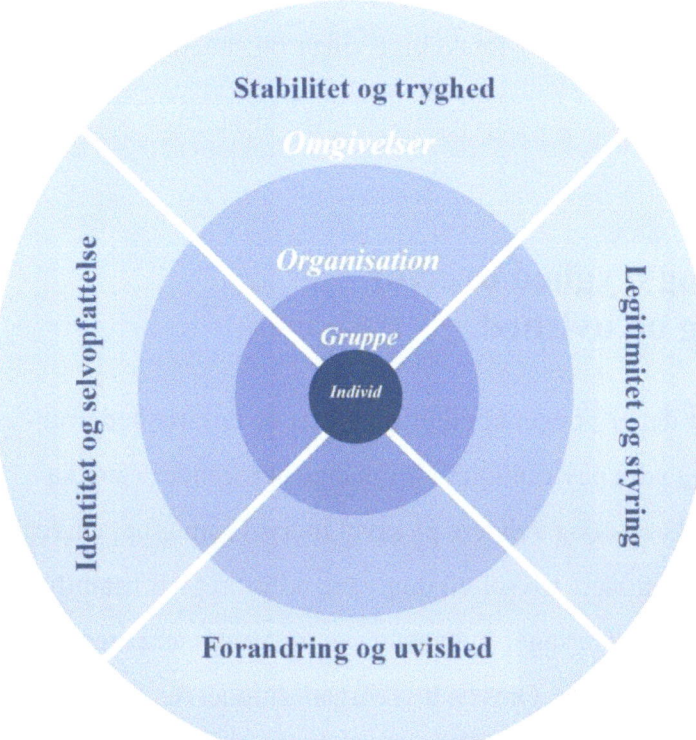

Modellens begreber er fremkommet ved en kombination af egne erfaringer og udvalgte teorier af psykologiske og sociologiske forfattere. Mine erfaringer inkluderer andre ledere, medarbejdere og konsulenters fortællinger, som jeg har hørt i mine funktioner som leder og konsulent. Modellen kan ikke stå alene ved undersøgelse af trivsel. Det er imidlertid, som tidligere nævnt, håbet, at modellen kan supplere andre traditionelle modeller vedr. trivsel, som ikke i samme grad har fokus på sociale og kulturelle forhold. Modellen vil udover at kunne afdække tilstande af trivsel og mistrivsel også kunne pege på betingelser for samme under forskellige vilkår og situationer.

Stabilitet og tryghed overfor forandring og uvished

Organisationer der er præget af udtalt stabilitet og ensartethed i rutiner, opgaver og ydre påvirkninger vil i mange henseender være karakteriseret ved trivsel og velvære på såvel individ som gruppeniveau. Sådanne organisationers trivsel vil dog være udfordret når ustabilitet, uvished og omstruktureringer indtræffer og vil derfor være meget sårbare overfor forandringer. Omvendt vil organisationer der er præget af hyppige og kontinuerlige omstruktureringer have svært ved at opretholde trivsel, da der ikke er tilstrækkelig stabilitet i form af oplevelser af sammenhængskraft i organisationen. Det er bogens påstand, at trivsel har de bedste vilkår, når der opleves balance mellem stabilitet og tryghed overfor uvished og forandring.

Identitet og selvopfattelse overfor legitimitet og styring

Identitet skal i denne bog forstås som forskellige udtryk for individer, grupper og hele organisationers interesser, tro, overbevisninger og værdier. Legitimitet skal i bogen forstås som oplevelser af, hvad der på forskellig måde og til forskellig tid opfattes som det ønskværdige, det rette, legale eller passende at gøre. Legitimitet skal på samme måde ses som noget der kan komme til udtryk på individ-, gruppe- og organisationsniveau.

Organisationer, hvor medlemmer og deres opgaveløsning er præget af stærke faglige identiteter og selvopfattelser, vil i mange henseender kunne opleve trivsel, motivation og ejerskab. Sådanne organisationers trivsel vil dog blive udfordret, når andre former for styring og principper trænger ind på de hidtidige faglige bevæggrunde. Organisationer kan på den måde opleve mistrivsel, når nye regler, værdier og ideologier opnår legitimitet i organisationen. Det er således også bogens påstand, at trivsel har bedre vilkår, når der opleves balance mellem identitet og selvopfattelse overfor legitimitet og styring.

Variationer og situationers betydning

Opstillingen i modellen er noget forsimplet, idet fænomener indeholdt i modellen vil kunne interagere mere komplekst og på tværs i model-len. Af den grund står begrebsparrene ikke afbildet overfor hinanden på faste akser, men i felter, som samtidigt grænser op til hinanden.

På samme måde er det ikke min (eller de i bogen medtaget forfatteres opfattelse), at individuelle, gruppevise og organisatoriske forhold helt kan adskilles. Disse er i virkeligheden også komplementære og flere sider af samme sag. Modellen tydeliggør hvordan ubalancer kan komme til udtryk på individuelt, gruppe og organisationsniveau, men foregiver ikke, at disse kan forstås isolerede og separate. Tilstande af balancer i modellen vil have meget betydelig sammenhæng til sociale, kulturelle og kontekstuelle aspekter og vil variere situeret i relation hertil.

Anvendte teorier

Jeg anvender i denne bog teorier fra de engelske psykologer *Richard M. Ryan og Edward L. Deci,* den amerikanske organisationssociolog *Richard Scott* samt den amerikanske organisationspsykolog *Karl E. Weick.* Psykologerne Richard M. Ryan og Edward L. Deci har i mere end 40 år fremsat teorier om motivation og trivsel på baggrund af

omfattende socialpsykologisk forskning. Den amerikanske organisati-
onssociolog Richard Scott har i ligeså mange år beskæftiget sig med
foranderlige sociale systemers betydning for socialt liv i organisatio-
ner med sine teorier om kulturelle og værdimæssige aspekters betyd-
ning. På tilsvarende vis har den amerikanske organisationspsykolog
Karl E. Weick i årtier udviklet sine teorier om meningsskabelse (sen-
semaking) samt idéen om såkaldt løse koblinger i organisationer.

Forfatterne har ikke bidraget lige meget hver især til de forskellige
elementer i tilstandsmodellen og de beskriver også begreberne ud fra
forskellige teoretiske perspektiver. Forfatterne opsummerer på hver
deres måde teoretiske traditioner omkring modellens anvendte begre-
ber og supplerer efter min opfattelse hinanden med de forskellige per-
spektiver. I DEL II beskriver jeg nogle ligheder og forskelle i forfat-
ternes perspektiver og det videnskabsteoretiske perspektiv - kritisk re-
alisme - som jeg benytter i måden jeg anvender teorierne på.

I det følgende beskrives tilstandsmodellen nærmere med de elementer
af ovenstående forfatteres teorier, som har været med til at inspirere
mig til modellens udformning.

STABILITET OG TRYGHED OVERFOR FORANDRING OG UVISHED

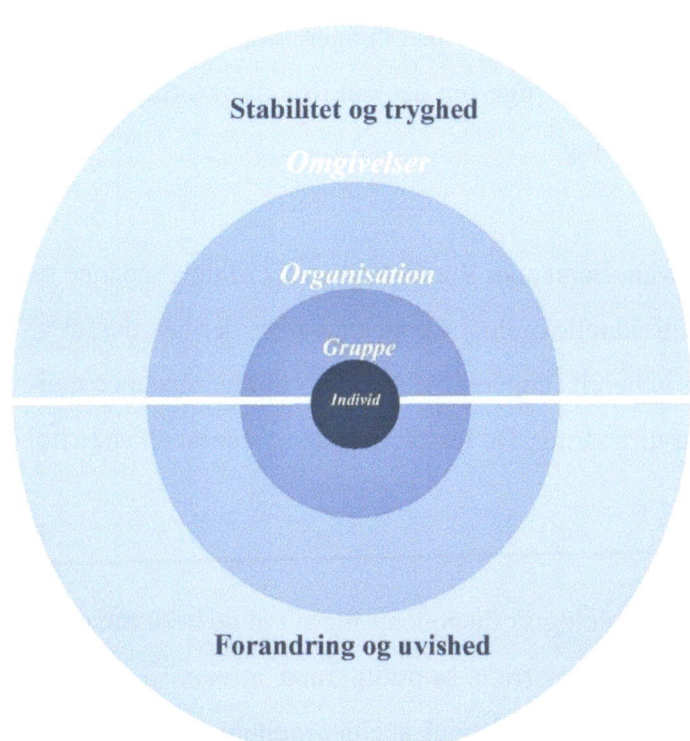

Individuelle forhold

Ledere og medarbejdere fungerer mange steder under stigende uvished, kompleksitet og forandringer i organisationer, hvilket kan give udfordringer i forhold til trivsel i arbejdet. Medarbejdere kan opleve sig fremmedgjorte ift. deres arbejde og miste trygheden og visheden om, at de kan beholde deres job. Ledere kan opleve uoverkommelighedsfølelser og autoritetspres og de kan være prægede af egne og andres forventninger om, at de skal forandre og innovere i organisationen. Når utryghed og uvished står på i længere tid, kan begejstring og kreativitet falde mærkbart, ligesom det kan føre til egentlig mis-trivsel og psykisk belastning.

Såvel Deci og Ryan, Scott som Weick begrunder til dels sådanne reaktioner med individuelle biologiske mekanismer, der betyder, at vi som mennesker generelt fungerer bedst, når vi oplever balance mellem stabilitet og forandring. De forstår dog disse sammenhænge lidt forskelligt.

I følge Weick, er vi biologisk disponeret for at kunne beskytte os imod kompleksitet og forvirring, samtidigt med, at vi er sårbare og let overvældes ved forandringer. Weick skelner mellem uvished og flertydighed. Uvished skaber utryghed og angst. Flertydighed og kompleksitet kan skabe modsatrettede fortolkningsmuligheder og dermed mere alvorlige tilstande af forvirring, desorientering og stress for medlemmer i organisationer.

Deci og Ryan samt Scott mener at trivsel bl.a. betinges af hvordan forandringer kan indoptages og bringes i overensstemmelse med vores oplevelse af vores *indre selv* eller selvopfattelse. Kompleksitet og forandring kan medføre angst og usikkerhed, når vi ikke lykkes med at bevare denne selvopfattelse. Deci og Ryan fremhæver særligt, at det der betinger, at en indregørelse af forandringer kan finde sted, har tydelig sammenhæng med at vi får tilfredsstillet nogle *grundlæggende menneskelige behov*. Mere specifikt skal vi have muligheder for at opleve og føle os kompetente *(kompetence)*, at udfolde vores personlige interesser og værdier *(autonomi)* samt have oplevelser af gensidigt givende mellemmenneskelig kontakt *(relationer)*.

Det er ifølge alle forfatterne væsentligt at sørge for tydelig og ærlig information under forandringer og at sikre medbestemmelse og valgmuligheder for organisationers personale i spørgsmål om implementering og praksis. Individer trives ved at indsatsen anerkendes og deres professionelle vurdering inddrages i både idéer og praksis. Det er særligt nødvendigt for den enkelte at føle sig set, respekteret og opleve anerkendelse under uvished og forandring. Muligheder for trivsel indfinder sig endvidere, når uvished og kompleksitet modereres af en vis stabilitet og genkendelig struktur. Dette gælder særligt, når både ledere og medarbejdere har muligheder for medskabe denne stabilitet og struktur. Når anerkendelse og medskabelse prioriteres, vil det medføre større motivation og trivsel for den enkelte og samtidigt også have en positiv effekt på dem de samarbejder med.

Spørgsmålet om inddragelse og medbestemmelse er for Weick først og fremmest et spørgsmål om, hvorvidt vi oplever *mening* i de sammenhænge vi er en del af. Det er i hans forståelse især oplevelser af mening der skaber tryghed, virkelyst og trivsel. Oplevelse af mening opnås ved, at den enkelte får mulighed for at handle og eksperimentere i forhold til forandringer og at der lejlighedsvis er mulighed for at se tilbage og skabe mening i disse handlinger og eksperimenter.

Case 1

Peter har i mange år arbejdet som socialrådgiver i den samme afdeling i en kommune. Peter har for det meste været glad og tilfreds med sit arbejde og har ydet en stabil og pålidelig indsats gennem mange år. Kommunen har haft flere perioder med omstillinger og udvidelser, hvilket Peter indtil videre har kunnet tilpasse sig og befundet sig nogenlunde godt med. Indenfor det seneste år har der dog været flere ret store omstruktureringer, hvilket har medført mange helt nye rutiner i arbejdet i flere omgange. Peter har oplevet, at disse forandringer har været usammenhængende og at de har stukket i flere retninger. Peter har svært ved at forstå hvorfor omstruktureringerne er så vigtige og har svært ved at se, at de er så nyttige som hans leder argumenterer for. Han kan godt se, at der er nogle muligheder for at forbedre nogle arbejdsgange i de nye rutiner, men der har endnu ikke været mulighed for at drøfte dette med lederen eller hans kolleger. Lederen virker også noget presset synes Peter. Lederen svarer noget kort for hovedet og siger, at forandringerne sker som en del af en større sammenhæng. Peter oplever, at det er nogle højere oppe i systemet som dikterer forandringerne og han er usikker på, om de forstår hvilken effekt det har. I hvert fald giver han ikke meget for de evalueringer og kontrolrapporter, som han skal udfylde med mellemrum. Han kan ikke se, at de er særligt relevante.

Peter har haft svært ved at følge med det i det hele, hvilket har gjort ham usikker på, hvorvidt den indsats han udfører eller tidligere har udført værdsættes og anerkendes. Han har følt sig overvældet og har haft oplevelser af bekymring, ubehag og udmattelse.

Medarbejderen har forsøgt at diskutere disse oplevelser med sine kolleger, men de har ikke villet tage det op på personalemøde i fællesskab. Han oplever derfor ikke, at han kan komme nogle vegne og føler sig efterhånden ret alene med sine oplevelser. På det seneste er han blevet usikker på, om han kan beholde sit job. Peter bliver sygemeldt igennem længere tid.

Grupper

Det er min erfaring, at forandringsprocesser kan medføre øget motivation og arbejdsglæde og give oplevelser af mening og retning i arbejdsgrupper. Det er imidlertid også erfaringen, at samme forhold kan medføre oplevelser af mistrivsel, manglende motivation, sygemeldinger samt modstand og dårligt arbejdsmiljø. Udtalt uvished og flertydighed kan medføre, at en gruppe medarbejdere bliver meget utrygge og forvirrede. Som følge heraf kan de f.eks. skabe myter om hinanden og intensivere korridor-snak, hvor de bagtaler hinanden og lederen af gruppen. Et andet hyppigt tegn på utryghed og forvirring under forandring kan iagttages, når grupper i overdreven grad fastholder kendte rutiner og tidligere anerkendt faglighed. Grupper kan da beskytte hinanden mod ubehag ved i fællesskab at bekræfte, at det ikke er nødvendigt, at de udvikler sig videre.

Det er generelt vanskeligt at opretholde tryghed og gensidig tillid i grupper under forandringer, men det er afgørende, at man har disse aspekter i fokus. Det er væsentligt, at man som gruppe inddrages på mange niveauer i forandringsprocesser, og at det kan mærkes, at det er tydeligt fra ledelsens side, at denne inddragelse er ønsket og ægte værdsat. Gensidig anerkendelse i forbindelse med forandringer kan helt generelt ikke overvurderes. Der er hos Scott og Weick (men navnlig hos Deci og Ryan), en tydelig opfattelse af, at det er afgørende, at man under forandringer har betydning for hinanden. Så vel faste som midlertidige organisatoriske grupper har brug for en kultur

28

af anerkendelse og respekt om deres sociale selvforståelse under forandringer. Det er derfor afgørende, hvorvidt en organisations øvrige sociale og kulturelle vilkår understøtter eller modarbejder disse sociale behov. Fravær af social anerkendelse modvirker virkelyst, initiativ, vitalitet og trivsel.

Noget af det der er afgørende for, hvordan balancen mellem stabilitet og forandring falder ud for grupper, er således karakteren af de sociale og kulturelle vilkår og forventninger, forskellige forandringer fungerer under. Dette gælder i virkeligheden for både enkeltpersoner og medlemmerne af grupper og større sociale sammenhænge. Særligt Scott og Weick mener at medlemmer af en social sammenhæng selv påvirker og er medskabende til de selv samme sociale og kulturelle forhold og forventninger, som de fungerer under. Vi spiller i deres forståelse forskellige *sociale* roller, som i et teater, hvor vi viser forskellige sider af os selv. Vi har med denne adfærd både intentioner om at styre andres indtryk af os og at leve op til deres forventninger om vores roller. Herved afstemmer vi fælles regler og normer i bestræbelsen på at opretholde social orden. Scott og Weick, men navnlig Scott, er optaget af, at vi herved skaber såkaldte *sociale institutioner*, som bl.a. har til formål at modvirke angst og usikkerhed. Med sociale institutioner menes de sociale kulturelle kræfter der virker som forventninger, vaner, rutiner, regler og forestillinger hos den enkelte og i sociale sammenhænge. En gruppes trivsel er bl.a. betinget af,

29

hvorvidt en gruppes sociale institutioner er i overensstemmelser eller konflikter med forskellige andre gruppers sociale institutioner i en organisation.

Weick fremhæver, at det især er sociale *handlinger* der skaber ensartet kultur i grupper og at det derfor er nødvendigt, at give gode vilkår for, at medlemmerne kan *medskabe* de vilkår, man som gruppe er er under indflydelse af. Nye aktiviteter og omlægninger må opleves som vigtige og i overensstemmelse med medlemmernes sociale værdier og mål, hvis aktiviteterne skal undgå at føre til mistrivsel.

Det er ligeledes en meget afgørende faktor, hvordan og i hvilken ånd der kommunikeres i gruppen. Særligt Ryan og Deci understreger det afgørende i, at dele så meget information som muligt under forandringer og at man kommunikerer åbent og ærligt om forandringerne. I personalegrupper hvor det f.eks. opleves utrygt og uvelkomment, at diskutere åbent og ærligt, vil der kunne være tendenser til, at utilfredshed, konflikter og mistrivsel i gruppen ikke bliver udtalt og drøftet. Trivselsmålinger bliver i den sammenhæng af mange oplevet som kontrolinstanser og man vil under forandringsprocesser i nogle tilfælde hellere undlade at svare, når man er presset eller utilfreds. Trivselsmålinger kan derfor ikke anvendes ukritisk.

Case 2

En dagafdeling på et socialt tilbud hjælper og støtter mennesker med nedsat psykisk funktionsevne. Medarbejderne har indtil fornyligt haft en oplevelse af fælles kompetence, hvor de kendte og forstod at bruge hinandens stærke sider. Der er på det seneste sket ret markante ændringer i institutionens målgruppe, men gruppen har været enig om, at deres fælles rutiner og gode sociale sammenhold ville være solidt nok til at imødegå disse nye opgaver. Lederen af dagafdelingen har også været godt tilfreds med sine medarbejdere og har anerkendt dem løbende for deres indsats.

Institutionens to andre bo-afdelinger har på et samarbejdsmøde nu beskyldt dagafdelingen for at være lukket om sig selv og at de er svære at samarbejde med. De mener at dagafdelingen nu er blevet indbyrdes enige om alting og at de forsvarer og beskytter hinanden, selvom de efter bo-afdelingernes mening ofte kommer til kort i deres arbejde med den nye målgruppe. Det hele kulminerede med, at dagafdelingen blev beskyldt for at de ikke opførte sig som ansvarlige voksne i forhold til arbejdet og at denne adfærd gjorde dem umulige at samarbejde med.

Dagafdelingen blev meget berørte af dette møde. Flere af dagafdelingens medarbejdere havde forladt mødet grædende og vrede og havde ikke været i stand til at komme på arbejde i flere dage. Dagafdelingen kunne umiddelbart ikke genkende, at deres metoder var blevet utilstrækkelige og de fremhævede, at det jo var lidt mærkeligt, at de

netop havde fået en meget flot APV og trivselsmåling, hvor alle i
gruppen havde fremhævet deres gode kompetencer og deres fælles
samarbejde.

Organisatoriske forhold

Organisationer kan præges af stor trivsel og harmoni, hvis der optræ-
der fælles værdier, omgangsformer og et professionelt og fagligt ved-
taget grundlag i hele organisationen, som alle er stolte af. Sådanne til-
stande kan bære igennem mange forandringer og omstruktureringer
og kan blive det kit, som holder sammen på organisationen under fler-
tydighed og uvished. De fælles værdier og det fælles faglige grundlag
kan imidlertid også føre til selvtilstrækkelighed, som kan skærme or-
ganisationen mod tilpasninger til ydre forandringer, der ellers kunne
være nødvendige.

Større forandringer som fusioner og sammenlægninger af enhver art
vil f.eks. uvægerligt betyde møder mellem forskellige kulturer og
værdier, hvor det er nødvendigt at revidere og koordinere opfattelser
af mission og faglige værdier. Deci og Ryan har ikke i særlig grad be-
skrevet forhold der gælder specifikt for det organisatoriske niveau. I
de tilfælde, hvor de omtaler organisationer, tager de gerne udgangs-
punkt i de vilkår og betingelser der gælder for individuelle og sociale
forhold.

Scott og Weick forstår til dels balancen imellem stabilitet og foran-
dring i organisatoriske sammenhænge ud fra graden af overensstem-
melser eller konflikter mellem forskellige påvirkninger, forventninger
og krav internt i organisationen og disses samspil med omgivelserne.

Ved konflikter og kriser i organisationer, er der betydelig risiko for, at
myter, sladder og historier om skrækscenarier intensiveres. I disse hi-
storier kan bølger af nedgørelse eller decideret udskamning af grup-
per eller ledere florere på mange niveauer. Sladder og myter kan an-
tage meget omfattende former og kan resultere i langvarig mistrivsel i
store dele af en organisation. Af den grund kan ensartet information
og kommunikation om formål, varighed mv. næsten ikke overdrives
under forandringer. Det er i den forbindelse vigtigt, at en samlet le-
delse bakker fuldt op og kommunikerer ensartet om tiltagene. Hvis
forandringerne primært berører udvalgte dele af organisationen, skal
den øvrige organisation delagtiggøres undervejs og følge med i et om-
fang så følelsen af at være udelukket minimeres.

For Weick er igangsætning af handling og at eksperimentere det helt
centrale for meningsskabelse i organisationer. Det er først og frem-
mest via dette, at medarbejdere og ledere har mulighed for at ændre
og tilpasse kultur, værdier, strukturer og procedurer. Selve dette at en
gruppe får til opgave at eksperimentere sig frem og være kreative hen
ad vejen ved forandringer skaber trivsel. Eksperimentering og

afprøvning må dog evalueres med jævne mellemrum og skal have en tydeligt formuleret afslutning. Perioden skal helst deles op i flere del-processer, så der kan fejres sejre og skabes mening om de opnåede delmål. Disse tiltag modererer elementerne af uvished og utryghed, uoverskuelighed og medvirker til opretholdelse af en følelse af fælles ejerskab og mening under forandring.

Organisationer må i den sammenhæng sørge for, at der etableres muligheder og vilkår for, at medlemmerne via åbne debatformer kan skabe mening i de forandringer som eksperimenterne afstedkommer. Der skal både skabes mening mellem sociale opfattelser og forventninger blandt såvel individer, grupper, organisation og dennes omgivelser.

Scott og Weick betoner begge betydningen af, at organisationer formår at arbejde med eksperimenter og udvikling i større eller mindre dele af organisationer ad gangen i såkaldte *løst koblede enheder*. På den måde kan der eksperimenteres, uden at dette påvirker den øvrige organisations personale, hvilket kan minimere usikkerhed og utryghed i organisationen. Weick fremhæver, at en bevidst anvendelse af løse koblinger, som også henviser til andre adskillelser i organisationer, kan sikre en tilstand af psykologisk sikkerhed og tryghed i organisationen, uden at der opstår rigiditet, der modvirker udvikling. Scott anbefaler omvendt at variationerne ikke bliver for store i organisationer, da løst koblede enheder også let kan blive for isolerede og sårbare. Dog mener han, at organisationers interne strukturer må varieres og differentieres i stigende grad jo mere varieret omgivelsernes forventninger forekommer, hvis de succesfuldt skal kunne håndtere og imødegå kompleksitet og forandringer.

Case 3

En afdeling i en stor industrivirksomhed har som følge af omstruktureringer fornyligt fået tillagt en ny enhed, som tidligere har fungeret i en anden landsdel af virksomhedens afdelinger. I den anledning har virksomheden måttet forflytte den tilkomne afdelings hidtidige leder til en anden division af virksomheden. Begge afdelinger har hidtil været velfungerende og der har begge steder været positive forventninger til, at de to afdelinger nu skulle fungere side om side i en ny større fælles enhed. Lederen af enheden har observeret at den tilkomne afdelings personale har nogle gode og positive rutiner og tilgange til opgaverne, som han gerne vil have implementeret og tilpasset til resten af det oprindelige personale i enheden. Lederen havde på et lederseminar i forvejen aftalt nogle overordnede mål for hvilken retning den nye enhed skulle udvikle sig og han besluttede nu at gennemføre nogle udviklingstiltag med udgangspunkt i den tilkomne afdelings procedurer. Den tilkomne afdelings medarbejdere var positivt stillede i forhold til lederens idéer og fandt det spændende at udvikle de eksisterende opgaver og procedurer. De tilkomne medarbejdere blev optændt af det nye og gik til arbejdet med stor motivation og arbejdsglæde.

Efterhånden som det blev tilrettelagt sådan, at de tilkomne medarbejderes rutiner og opgaver begyndte at glide sammen med den oprindelige afdelings arbejdsopgaver, viste der sig nogle problemer. Den oprindelige medarbejdergruppe oplevede ikke at de nye rutiner var konstruktive eller en forbedring af de hidtidige forhold, men at de nye rutiner snarere komplicerede alting og at arbejdet dermed blev uoverskueligt. De oprindelige medarbejdere blev mere og mere utilfredse med de tilkomne medarbejdere og gav udtryk for store frustrationer og forvirring overfor deres leder, som de ellers altid havde været glade for. De mente, at de tilkomne medarbejdere havde helt forkerte tilgange og at de slet ikke havde den samme grundlæggende forståelse for arbejdets tilrettelæggelse, som de selv og den øvrige organisation havde. De oprindelige medarbejdere oplevede, at det hele sejlede og var uafklaret på grund af de tilkomne medarbejdere og der udviklede sig et meget dårligt samarbejde i enheden. Samtidigt fik begge grupper et dårligt forhold til lederen. De tilkomne medarbejdere følte sig meget dårligt behandlet og opfattede efterhånden de øvrige medarbejdere som forstokkede og forandringsresistente. Den oprindelige medarbejdergruppe opfattede omvendt de tilkomne som arrogante og bedrevidende, som de i virkeligheden mente manglede den

helt grundlæggende forståelse af arbejdet. Den oprindelige medarbej-
dergruppe nedgjorde nu de nye medarbejderes arbejde og der spredte
sig efterhånden en misstemning og splittelse i helt andre enheder af
organisationen også. Nogle enheder følte sympati og viste interesse
for de tilkomne medarbejdere og andre bakkede de oprindelige med-
arbejdere op.

IDENTITET OG SELVOPFATTELSE OVER-FOR LEGITIMITET OG STYRING

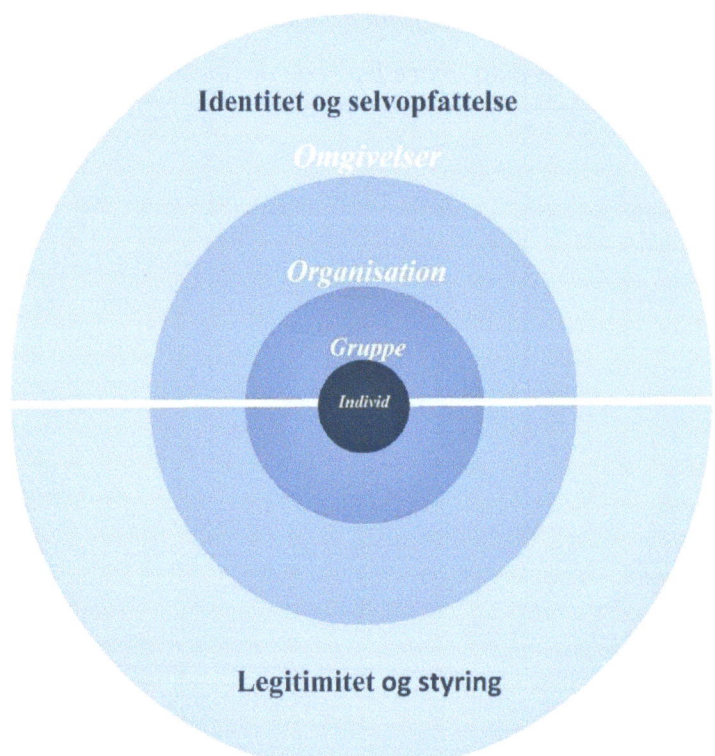

Identitet skal som tidligere nævnt forstås som forskellige udtryk for personers oplevelser af interesser, tro, overbevisninger og værdier. Legitimitet skal i bogen forstås som personers oplevelser af, hvad der på forskellig måde og til forskellig tid opfattes som det ønskværdige, det rette, legale eller passende at gøre.

Individuelle forhold

Deci og Ryan, Scott samt Weick mener, at vi som mennesker har flere identiteter og fremtrædelsesformer, som kan skifte fra tid til anden i vores arbejdsliv og vores private liv. Deci og Ryan samt Scott opfatter det sådan, at identiteter etableres ved at vores sociale erfaringer forsøges integreret med vores indre selv. Vi skaber derved mening i vores selvfremstillinger i samklang med vores sociale omgivelser. Omgivelsers forventninger og krav kan både kan være i harmoni med den enkeltes oplevelser af ejerskab, identitet, og selvopfattelse eller modvirke samme og derved skabe mistrivsel. Deci og Ryan anvender her et *kontinuum fra ydre kontrolleret motivation til indre kontrolleret motivation* over fire former:

1. Man udfører adfærd som følge af ydre styring, værdier, straf eller belønninger.

2. Ydre styring indoptages, men uden oplevelser af overensstemmelse med egne værdier og mål.

3. Ydre styring anerkendes til dels, men uden reel sammenhæng til andre værdier og identitet.

4. Egentlig accept af ydre styring, som også vurderes ift. egne identiteter, værdier og behov.

Særligt Scott fremhæver, at medarbejdere kan føle stærk faglig identitet i det som han eller hun beskæftiger sig med. En faglig identitet omhandler netop det som medarbejdere føler ejerskab for og orienteres mod og en sådan identitetsfølelse kan være meget motiverende og tilfredsstillende og kan næsten bære arbejdets byrde i sig selv. Nogle medarbejdere identificerer sig stærkt med selve opgaven, andre finder identitet ved at udmærke sig og konkurrere sig til højere positioner og endeligt identificerer nogle sig med at være den god kollega medarbejder.

Ledere kan føle stor indlevelse i den identitetsfølelse, der er forbundet med at være leder og overse, at medarbejdere også er i stand til, og har behov for og skal respekteres som autoriteter med den faglige identitet de besidder. Ledere kan imidlertid også især føle sig som en særligt udvalgt del af de medarbejdere hun eller han leder, hvor de derfor ikke først og fremmest føler en identitet som leder. Der kan i ovennævnte eksempler tales om balancer og forskelle mellem faglig stolthed og selvopfattelse overfor egne og andres vurdering af samme fagligheds legitimitet. Under forandringer er det vigtigt at have opmærksomhed på disse balancer. Ikke mindst fordi der kan opstå modsætninger imellem den enkelte medarbejders identitet og andre aktive forventninger eller krav der opnår legitimitet i organisationen.

Det kan være svært for både ledere og medarbejdere at omstille sig og opnå ejerskab til nye regler og retningslinjer, der divergerer fra det deres faglige identiteter og selvopfattelse tilsiger dem. Deci og Ryan, Scott og Weick betoner i den sammenhæng, at vi særligt kan overvældes af begivenheder i vores arbejdsliv, hvis grundpræmissen om fleksibilitet i identiteter og legitimitet ikke er accepteret og bevidstgjort hos den enkelte. Spørgsmålet om identitet er i det hele taget noget af det mest grundlæggende element i forståelsen af trivsel for Scott og Weick. Det er væsentligt, at den enkeltes oplevelser af identitet italesættes, delagtiggøres og respekteres i fællesskabet. Det er imidlertid også væsentligt, at den enkelte har forståelse for, at han eller hendes identiteter og opfattelser af, hvad der er legitimt, er flygtige aspekter, som der kan være mange andre opfattelser af i en organisation.

Case 4

Gitte arbejder som ingeniør i en stor dansk virksomhed. Gitte føler en tæt tilknytning til hendes fag og mener ikke, at så mange andre kan udføre, det hun gør i den enhed, hvor hun arbejder. Hun kan bedst lide at klare tingene selv og ønsker ikke for meget indblanding fra andre faggrupper eller afdelingschefens side i det daglige arbejde. Hendes høje faglighed giver stor professionel tilfredsstillelse og oplevelse af at udføre fagligt meningsfuldt arbejde. Det er en oplevelse hun har uafhængigt af virksomhedens virke og regler og sådan har det altid været. Gitte føler egentlig større fællesskab med ligesindede fagfæller udenfor virksomheden og hendes aktiviteter med fagforeningen end med sine kolleger og leder. Det er hendes fagfæller, hun først og fremmest lytter til og diskuterer vilkår og muligheder med. Gitte mener også, at hendes chef tilsvarende er mere optaget af sin rolle som chef og de aktiviteter, hun er en del af med andre ledere og administrative medarbejdere. Gitte mener derfor ikke, at hun og chefen har så meget glæde af hinanden. Gitte har indtryk af, at hendes kolleger har det lidt på samme måde. De arbejder alle sammen for meget i perioder og kører sig selv lidt for hårdt, synes hun. Gitte mener dog at dette faktisk er nødvendigt, hvis opgaverne skal løses ordentligt. Hun og de øvrige kolleger vil ikke gå på kompromis med fagligheden i deres arbejde. De har alle haft længere perioder, hvor de har været for presset, og nogle har endda været sygemeldte, men i disse situationer, har de været gode til at støtte hinanden.

Gitte har fornyeligt fået en ny chef, som stiller andre krav end den gamle leder. Den nye chef er meget mere ind over Gittes arbejde og vil have løbende dialog om opgavernes karakter og omfang mv. Den nye chef har mange krav, som udfordrer den måde Gitte plejer at gøre tingene på og kan ikke forstå, at Gitte har kunnet arbejde som hun har gjort, uden at det er blevet kommenteret. Chefen stiller spørgsmål ved hendes arbejdsrutiner og er mere optaget af hvordan Gittes arbejde spiller sammen med afdelingens samlede opgaver og virke. Gitte oplever stor frustration over dette. Hun føler ikke

længere, at hendes professionelle kunnen og viden bliver anerkendt
og forstået. Gitte har kontaktet hendes fagforening om dette, men de
har ikke villet gå ind i sagen, da de ikke mener, at chefen bryder reg-
ler eller love med hendes adfærd. Gitte føler, at det hele er gået i hår-
knude. Hun har fået svært ved at sove om natten, mangler fuldstændig
gnisten i arbejdet og er alvorligt bekymret for, hvor længe hun kan
holde til det hele.

Grupper

I følge Weick og Scott repræsenterer individuelle identiteter i virke-
ligheden gruppers sociale adfærd, hvor denne gruppes sociale kon-
tekst af kultur, normer, forventninger og forklaringer mv. er afgø-
rende. Identitet er som gruppevise sociale udtryk resultater af gensi-
dige sociale og kulturelle påvirkninger, der hele tiden ændres og bear-
bejdes, i de sociale sammenhænge vi er en del af. Den enkelte medar-
bejders arbejdsidentitet er derfor også vanskelig at adskille fra de so-
ciale og kulturelle opfattelser, som præger den enkeltes gruppetilhørs-
forhold i en organisation.

En gruppe medarbejdere der yder social service kan identificere sig
som en gruppe af hjælpere, der støtter og udvikler andre mennesker,
hvilket kan give dem meget stor og vedvarende oplevelse af legitimi-
tet og mening i arbejdet. En gruppe kan også have fælles

identitetsbaserede oplevelser af at være særligt dygtige og af, at være en velfungerende enhed eller afdeling. Identificeringer som disse kan genere stor trivsel, ejerskab i forhold til opgaver samt tilfredshed og arbejdsglæde. Ledere kan på samme vis dyrke og identificere sig med opfattelser af, at deres enhed er meget velfungerende. Medarbejdere og ledere kan endvidere opretholde en fælles identitet ved at tage negativt afstand til andre grupper, uden at de øvrige grupper i øvrigt oplever, at denne gruppes adfærd har særlig legitimitet.

Ved ydre dikterede ændringer i rutiner i en organisation, som f.eks. lovgivning, kan der ske tab af mening og frustration i medarbejdergrupper, som i forvejen oplever, at deres virke har legitimitet i egne og andres øjne. Der kan her typisk også opstå oplevelser af modsætninger mellem gruppers fælles bevæggrunde og gruppens leder, der er forpligtet på at indføre de dikterede ændringer.

Scott og Weick er begge optaget af, at det generelt kan være vanskeligt at afbalancere oplevelser af identitet med hvad der vurderes legitimt i en medarbejdergruppe, og at dette bliver særligt udtalt under forandringer. Særligt Scott beskriver, hvordan der kan opstå konflikter og modsætninger i en gruppes opfattelser af, hvilke regler, værdier og rutiner der især har legitimitet. Nogle medlemmer identificerer sig måske særligt med én type opgaver, hvor andre kan føle sig mere fremmed for samme. Dette kan medføre frustrationer, som kun deles og vedligeholdes i dele af en gruppe.

Faglige identiteter kan på samme måde give konflikter grupper i mellem og kan trække på vidt forskellige opfattelser af hvad der er legitimt og passende. De situationer og opgaver der opleves urimelige for den ene gruppe, kan virke retfærdigt og tilfredsstillende for andre. Disse oplevelser kan være udtryk for sociale og kulturelle oplevelser af, hvad der ønskeligt og legitimt og disse oplevelser kan derfor ses som foranderlige og situationsbundne.

Deci og Ryan mener, at en gruppe opnår stabilitet og trivsel, når medarbejdere er velintegrerede og har muligheder for at udleve deres identitetsbaserede værdier. Det er også væsentligt, at gruppen kan løse problemer frivilligt. Ved forandringsprocesser fremhæver Deci og Ryan også i spørgsmål om identitet og legitimitet betydningen af, at der sørges for tydelig og ærlig information vedrørende forandringen samt at medbestemmelse og valgmuligheder for personalegrupper sikres i spørgsmål om implementering og praksis. Scott og Weick betoner både, at man i en gruppe må have muligheder for at udveksle opfattelser af, hvad der giver gruppen identitet, samt at gruppen må forholde sig åben overfor, at skabe nye sociale identiteter i samklang med andre grupper i organisationer.

Case 5

*En kommunal specialskole for elever med særlige behov har en lang
historie med at undervise elever med særlige behov ud fra et fælles
stærkt ideologisk fagligt ståsted. Skolen er bredt anerkendt som dyg-
tig og har rigtigt gode resultater. Skolens personale finder stor til-
fredsstillelse i deres arbejde og finder det meget meningsfyldt at
hjælpe og undervise de elever der bliver indskrevet i deres skole. Per-
sonalet anser samtidigt sig selv og hinanden som dygtige og oplever
at være en velfungerende enhed. Flere af medarbejderne føler at de-
res arbejde og personlige interesser og værdier er sammenfaldende
og de arbejder indimellem meget vedholdende og ambitiøst med un-
dervisningen. Faktisk bliver det af og til for meget, hvor en eller flere
har været sygemeldte af overbelastning. De har diskuteret dette pro-
blem mange gange, men de har svært ved at finde løsninger på det,
da de grundlæggende nødigt vil have oplevelsen af, at give op over
for elever der har brug for deres hjælp.*

*Ved indførelse af nogle nye krav i tilgangen til eleverne i alle kommu-
nens undervisningstilbud blev det forventet at personalets praksis
skulle tilpasses til dette. Personalet skulle bl.a. nu indføre nogle nye
og anderledes undervisningsplaner. Dette gav betydelige vanske-
ligheder. Medarbejderne og afdelingens leder var meget opmærk-
somme på, at der var andre meget toneangivende faglige undervis-
ningsopfattelser i tiden, men de havde netop søgt arbejde ved denne
specialskole fordi den holdt fast i dens traditionelle faglige værdier.*

De fleste af medarbejderne mente, at de netop adskilte sig fra de nye undervisningstanker i kraft af deres undervisning og at dette også var deres faglige særkende. Kommunens krav blev oplevet helt urimelige og irrelevante af både medarbejdere og lederen. Lederen havde selv været en del af personalegruppen engang og delte til fulde deres faglige syn og tilgang. Hun så sig selv som havende en vigtig rolle i at videreføre værdierne i denne undervisningstilgang. Lederen og personalet besluttede at de ville forsøge at beholde deres faglige værdier og metoder og forsøge at udføre de nye undervisningsplaner som et supplement til deres egen indsats på bedste måde.

De mente, at det måtte være muligt at leve op til deres eget og kommunens ønsker på denne måde. I den kommende tid arbejdede de med dette sigte, men den belastning, som de i forvejen følte fra tid til anden, blev nu mere, end de kunne klare og de viste tydelige tegn på udmattelse. Det førte til opsigelser og flere lange sygemeldinger, som igen medførte en ond cirkel, hvor de tilbageværende blev ekstra pressede. På et tidspunkt greb kommunen ind og krævede, at lederen fik rettet op på forholdene i løbet af en tre måneders periode, da de ikke kunne forsvare, at forholdene fortsatte. Da der i stedet kom flere sygemeldinger og opsigelser, besluttede kommunen at lukke skolen i en periode. De afskedigede lederen og de tilbageværende ansatte og opstartede skolen igen senere på året med en ny personalegruppe.

Organisatoriske forhold

Organisationers medlemmer kan identificere sig med andre lignende organisationer og føle et stærkt kulturelt og værdimæssigt fællesskab med disse. Dette kan både være nyttigt, lærerigt og givende i mange henseender. Identiteten som tilhørende dette fællesskab kan sagtens veje tungere og have større legitimitet end andre argumenter ved beslutningsprocesser og fornyelser. Dette kan have den betydning, at der ved forandringer samtidigt kan opstå spændinger i forhold til faglige identiteter og til forskellige oplevelser af, hvad man selv, andre og hver især opfatter som legitime og ønskelige arbejdsopgaver. Offentlige institutioner, kan f.eks. blive udfordret af nye eksterne styringskrav. Traditionsrige og succesfulde private virksomheder, med tydelig defineret mission og kultur, kan blive udfordret, når markedet forventer nye og for dem fremmede kerneopgaver. Sådanne ændringer kan give oplevelser af at vilkår er blevet urimelige, er forkerte og irrelevante overalt i en organisation, hvilket igen kan medføre alvorlig mistrivsel.

Deci og Ryan, Scott og Weick beskriver alle, hvordan vi som medlemmer i organisationer repræsenterer såvel selvoplevet identitet samt social og organisatorisk identitet. Scott har her interesseret sig for hvordan opretholdelse af de såkaldte sociale institutioner kan lede til tilstande, hvor særligt faglige professionelles værdier, normer og kultur bliver det der legitimerer medlemmernes adfærd i organisationer.

Scott er optaget af, hvordan vi kan koordinere og afveje spændinger mellem sociale institutioner af identiteter og ydre forventninger. Han kategoriserer i den forbindelse de sociale institutioner i 3 forskellige søjler. *En regulativ søjle* repræsenterer regler, krav og styring, *En normativ søjle* repræsenterer værdier, moral og normer og endelig repræsenterer en *kulturel-kognitiv søjle* mere ubevidste kulturelle opfattelser i organisationer. Disse søjler vil kunne repræsentere meget forskelligrettede opfattelser af, hvad der er legitimt i organisationer. Særligt under forandringer kan disse forskelle give anledning til spændinger, konflikt og mistrivsel.

Ved forandringer, som vedrører hele organisationen, kan medarbejdere igangsætte en ukonstruktiv selvbeskyttelse, som indebærer en søgen tilbage til velkendte rutiner og opgaver. Under sådanne mekanismer kan organisationens medlemmer bekræfte hinanden i, at udvikling ikke er nødvendigt. Denne undvigende adfærd kan umiddelbart synes, at tjene et fælles formål, men mekanismen kan samtidigt være i modstrid med nye kerneopgaver, regler, lovgivning, overenskomster, lederes krav mv. Spændinger mellem ændrede eksterne forhold og indre konserverende mekanismer, vil ikke uden videre kunne ignoreres. Mange organisatoriske forandringer mislykkes, fordi der ikke italesættes, drøftes, koordineres og handles i forhold til dette spændingsfelt før og undervejs i processerne.

Weick mener, at det der især legitimerer i organisationer, er ansvar, muligheder, belønninger og sanktioner, men at disse forhold varierer og ændres kontinuerligt under forandringer. Han er, som i mange andre spørgsmål optaget af, at der etableres processer af kommunikation og meningsskabelse mellem gruppevise, organisatoriske og omgivelsers forståelser, idet disse aktiviteter dermed også skaber legitimitet indadtil og udadtil.

Scott har tilsvarende iagttaget, at de fleste organisationer forstærker og underbygger og belønner en opadgående adfærd. Han mener, at det er nødvendigt at supplere dette pres med mekanismer der kan opmuntre til uafhængige refleksioner og mere ansvarlige handlinger blandt medarbejdere, hvis de skal have øget oplevelser af legitimitet i arbejdet. Alle forfattere fremhæver, at der er behov for fladere hierarki og deltagerstyret beslutningsprocesser i åbne former som f.eks. brainstorming samt mangfoldige kommunikationskanaler overalt i organisationer.

Case 6

Direktionen på et sygehus har i længere tid følt et eksternt pres for, at nogle administrative arbejdsgange skal effektiviseres. De har derfor besluttet, at der skal indføres et stort og omfattende nyt administrativt IT-system. Direktionen har præsenteret det nye system som en stor hjælp, der vil kunne effektivisere personalets arbejdsgange, men at systemet samtidigt vil skulle ændre forskellige medarbejderes funktioner og roller overalt på sygehuset. Det er blevet meddelt, at der desværre skal afskediges mange sekretærer. Det nye system vil nemlig muliggøre, at sygehusets andre faggrupper nu kan udføre deres job uden sekretærhjælp. Dette har vakt meget modstand overalt på sygehuset.

Særligt lægerne har ikke kunnet forlige sig med at skulle udføre disse nye opgaver. Lægerne mener ikke, at opgaverne hører til lægefaglige opgaver. Lægerne modarbejder systemet og allierer sig med andre læger fra andre sygehuse. De ledende overlæger er også alle store modstandere af det nye system. Der indfinder sig derfor et meget dårligt arbejdsmiljø mellem de ledende overlæger og organisationens øvrige højt placerede ledere.

Efterhånden viser det sig ovenikøbet, at det nye system er meget fejlagtigt og er årsag til stor ineffektivitet mange steder. De ledende overlæger skriver mange indlæg i dagspressen om de nye forhold på sygehuset, hvor de især gør rede for, hvor dårlige de ville være til at udføre de nye opgaver. Vreden tager til og der bliver efterhånden skrevet stadigt flere indlæg fra læger og ledende overlæger. Lægerne mener ikke, at direktionen og administrative ledere bør have særlig indflydelse på sygehusets faglige opgaver. Lægerne mener egentligt heller ikke, at de har brug for, at de øvrige ledere ændrer eller udvikler den del af sygehusets arbejde, som lægerne beskæftiger sig med.

Mange af de ledende overlæger siger op og skriver flere og flere ind-
læg i dagspressen. Læger fra andre organisationer bakker dem op i
lignende artikler og efterhånden breder der sig også i befolkningen
en bred opfattelse af, at det nye system er meget uhensigtsmæssigt og
unødvendigt på sygehusene. De ledende overlæger nedlægger til sidst
arbejdet igennem længere tid og sygehusets behandlingsopgaver bli-
ver så truet, at sygehusets øverste ledere må genansætte mange af de
afskedigede sekretærer.

ANDRE MODELLER

Individorienterede modeller

Krav-kontrolmodellen

En af de historisk toneangivende modeller vedrørende trivsel er Karaksek og Therorells (1990) krav-kontrol-model, hvor mistrivsel forstås som ubalancer mellem krav og den enkelte medarbejders indflydelsesmuligheder.

Kombinationen høje psykiske krav og lav kontrol (lille beslutningsrum) ses her som belastende. Omvendt antages, at stor kontrol og indflydelse under udfordrende opgaver medfører trivsel. Teorien fremhæver betydningen af den enkeltes indre motivation, ejerskab og involvering. Modellen kan afdække balancer mellem krav og indflydelse, som der herefter kan ændres på. Det er her en grundantagelse, at det er ydre forhold der skal arbejdes med.

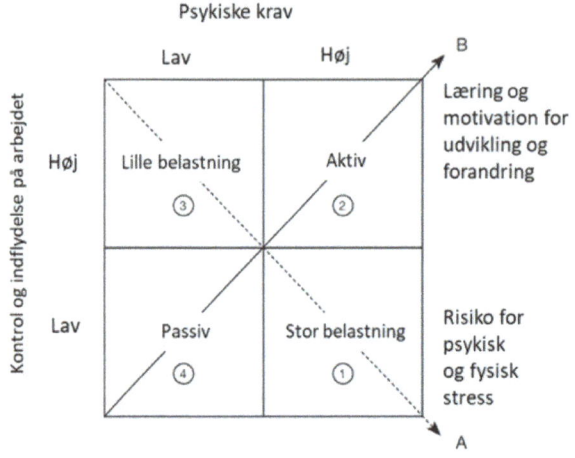

(Karaksek og Therorells, 1990), (min oversættelse)

Copingmodellen

En anden toneangivende teori vedrørende trivsel er Lazerus' coping teori, der ser trivsel som betinget af den enkelte medarbejders kognitive og adfærdsmæssige muligheder for at håndtere specifikke krav (Lazarus & Folkman, 1984). Denne model tilfører en indre subjektiv oplevelsesdimension, idet trivsel nu bliver set i sammenhæng med individets tidligere erfaringer, interesser og positioner. Den inddrager i højere grad indre individuelle forhold.

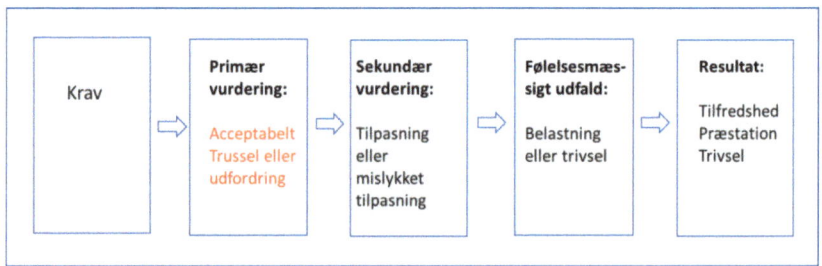

(Lazarus & Folkman, 1984) (Min oversættelse).

Flowmodellen

Csikszentmihalyi (2005) har med sin flowmodel opstillet en model, der medtager de samme sammenhænge som Coping modellen afdækker, idet den også interesserer sig for balancer mellem den enkeltes ressourcer i forhold til forskellige udfordringer. Csikszentmihalyi angiver, at der opstår et såkaldt flow, og dermed stor virkelyst trivsel, når den rette balance mellem disse aspekter optræder. Flowmodellen medtager, ligesom Coping modellen, subjektive oplevelser. Csikszentmihalyi har imidlertid udvidet med flere specifikke elementer som angst, apati og kedsomhed i sin model. Modellen kan derved give et mere nuanceret billede af betingelser for trivsel på individplan.

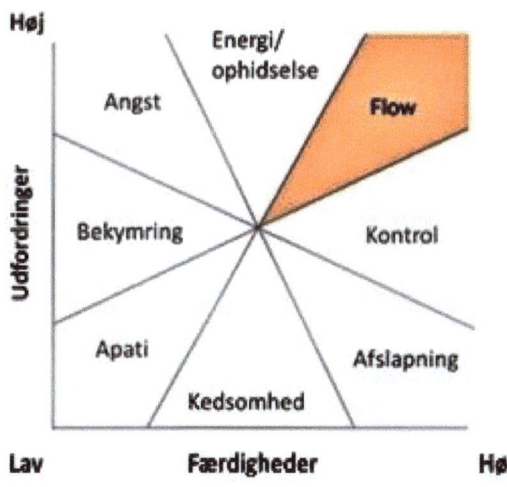

(Csikszentmihalyi, 2005), (min oversættelse).

Organisatoriske modeller

Competing values framework

Kim Cameron og Robert Quinn (1999), har med modellen Competing values framework (CVF), udviklet et analyseværktøj ift. at afdække organisationers behov og evner før forestående forandringer. Modellen anvendes også i forståelser vedrørende organisation, ledelse, management, kultur, strategier osv. Faktisk er modellen en af de mest anerkendte modeller i verden ift. at afdække organisatoriske tilstande i relation til forandringer.

Fleksibilitet

Klan Familie Oplæring Pleje Deltagelse	**Adhockrati** Dynamisk Innovativt Risikovillighed Værdiudvikling
Hierarki Struktur Kontrol Koordination Efficiens	**Marked** Resultater Konkurrence Mål Opgaver

Internt fokus (venstre) — Eksternt fokus (højre)

Stabilitet og kontrol

(Cameron & Quinn, 1999), (min oversættelse).

Cameron og Quinn (1999), anvender i modellen fire positioner: Internt fokus, eksternt fokus, stabilitet og kontrol samt fleksibilitet. De fire positioner kan opstilles i fire kvadranter, som angiver forskellige organisatoriske tilstande (mindset). Det er underforstået, at ledere, medarbejdere og endda hele organisationer generelt har tendenser til at drive mod et af disse fire mindset. Cameron & Quinn hævder, at organisatoriske modsætninger ofte behandles som dilemmaer, hvor der enten skal vælges det ene eller det andet, i stedet for et mere konstruktivt både/og perspektiv. *The competing values framework* kan undersøge opfattelser af logikker og kultur hos personer, grupper og organisationer. Cameron og Quinn m.fl. (2006), har senere udviklet en model vedr. leadership orientering, som bygger på samme fire kvadrater.

Psykodynamisk system-teoretisk model

Psykodynamisk systemteori bygger på idéerne i såkaldt åben systemteori, hvor det er sociale systemers evne til at overleve i samspil med omgivelserne, som er i fokus. I Visholms psykodynamisk-systemteoretiske model (Heinskou & Visholm, 2004), skelnes der mellem såkaldt *formelle* eller *psykodynamiske* roller i organisationen. De psykodynamiske roller betegner irrationel adfærd og kan iagttages, når medarbejdere ikke arbejder på hovedopgaven, som følge af forskellige pres og udfordringer. Forandringer tænkes, blandt meget andet, at stimulere angst, der antages at kunne medføre tilstande, hvor organisationens medlemmer bliver prægede af irrationel adfærd, for at reducere den angst som følger af forandringens pres.

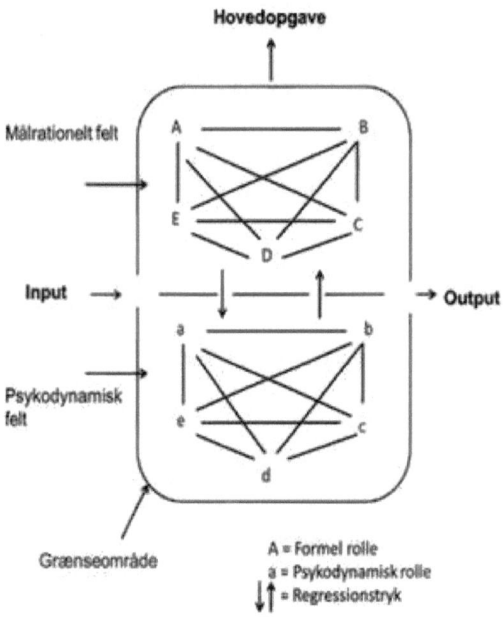

(Heinskou & Visholm, 2004).

Model på baggrund af DAC-ontologien

I den såkaldte DAC-ontologi tilstræbes en tilstand af fælles retning, (Direction), koordinering (Alignment) og gensidig forpligtigelse

(Commitment) i organisationer. Denne tilstand opfattes samtidigt som en tilstand af ledelse. Ledelse ses som et resultat af ledere og medarbejderes handlinger, snarere end noget ledere gør. (Drath et al., (2008). Tilstanden DAC skabes gennem individuelle og sociale handlinger i organisationer på baggrund af individuelle og sociale ledelsesholdninger samt den kultur og kontekst de er en del af.

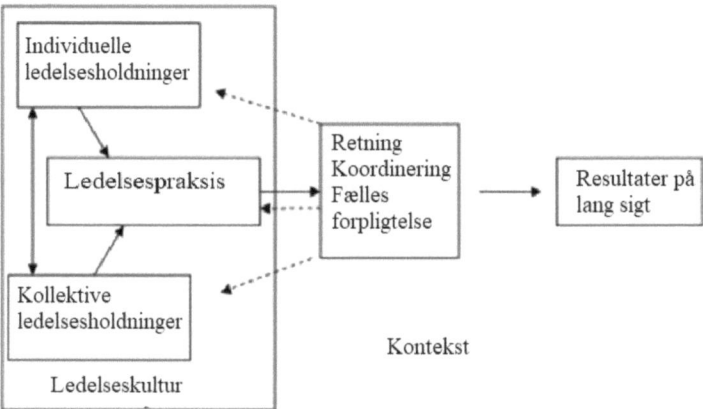

(Drath et al., (2008), (min oversættelse).

DEL II

TILSTANDSMODELLEN I PRAKSIS

Tilstandsmodellen er, som nævnt i DEL I, tænkt som et analyseredskab, der kan bruges til at undersøge årsager til at ledere og medarbejdere mistrives. Modellen kan synliggøre, hvorfor et eller flere nye tiltag udgør et for stort forandringspres. Den kan også synliggøre, når nye tiltag harmonerer dårligt med medarbejdere eller lederes værdier og faglige identiteter. Modellen kan endelig pege på vilkår, det er nødvendigt at være opmærksom på, for at trivsel kan opretholdes før, under og efter forandringsprocesser i organisationer.

Hvis vi ser på de situationer der har ført til mistrivsel i de seks case beskrivelser i DEL I, kan der ved at anvende tilstandsmodellen konstateres nogle oplevede ubalancer mellem stabilitet og utryghed overfor uvished og forandring blandt organisationernes personale. Der kan på samme måde iagttages ubalancer mellem identitet og selvopfattelse overfor legitimitet og styring.

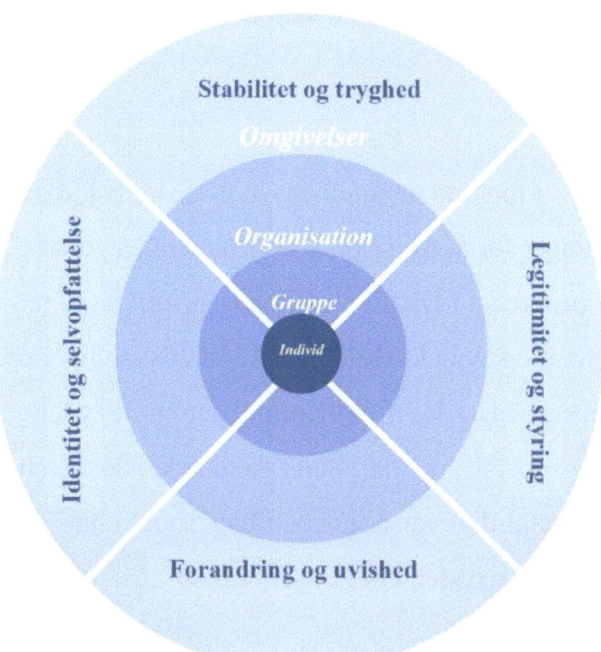

Stabilitet og tryghed

Omgivelser

Organisation

Gruppe

Individ

Identitet og selvopfattelse

Legitimitet og styring

Forandring og uvished

TILSTANDSMODELLEN SOM ANALYSE-OG INTERVENTIONSREDSKAB

Ubalancer mellem stabilitet og tryghed

overfor forandring og uvished

Case beskrivelserne 1 til 3 i DEL I omhandler situationer, hvor der er

opstået mistrivsel som følge af, at medarbejdere er blevet overvældet

af, hvad de oplever som for store forandringer i deres arbejde. De tre cases beskriver også situationer, hvor organisationens medlemmer er fastlåste i deres mistrivsel.

I alle tre cases er det blevet forsømt at tage hensyn til de nødvendige tiltag som er forudsætninger for at trivsel kan eksistere under forandringer. Disse tiltag er beskrevet i DEL I og III og er inspireret af teorier af Deci og Ryan, Scott og Weick. Holdes disse forudsætninger op imod de enkelte case beskrivelser 1-3 fremkommer der nogle tydelige mangler i den forandringspraksis, der har været gældende i de enkelte cases. Disse mangler vil samtidigt være egnede tiltag, som kunne iværksættes for at genoprette trivslen i organisationerne.

Case 1

Socialrådgiveren Peter i case 1 har oplevet for mange omstruktureringer i det seneste år og har haft svært ved at relatere til en række af de seneste omstruktureringer i hans afdeling. Det er omstruktureringer som han ikke kan se meningen med. Peter føler ikke, at de nye rutiner er relevante og han føler sig heller ikke kompetent i forhold til dem. Peter har idéer til, hvordan de nye rutiner kunne gøres relevante, men kan ikke se hvordan han kan få ændret dem, eller om dette vil være velkomment.

Peter oplever således ubalance mellem det, han kan overskue og integrere i forhold til det som forventes af ham. Peter skulle have været informeret om de kommende forandringer. Han skulle også have været inddraget i, hvordan forandringerne udformes og/ eller implementeres. Han er således ikke blevet anerkendt for sine kompetencer, selvom han har idéer til, hvordan de nye rutiner kunne gøre relevante. Peter har heller ikke haft lejlighed til at drøfte og samstemme hans betænkeligheder og idéer med andre af afdelingens personale. Som følge af disse mangler, kan han ikke se meningen med forandringerne og mistrives.

Case 2

I case 2 oplever en gruppe medarbejdere og deres leder på et socialt tilbud grundlæggende ændringer i de opgaver de normalt har arbejdet med. Gruppen tænker, at de i kraft af deres normalt succesfulde fælles værdier og forståelser vil kunne møde de nye udfordringer ud fra deres hidtidige opgavestrategier. Dette opleves ikke at være tilfældet i resten af organisationen og disse forskellige perspektiver bliver anledning til kritik og nedgørelse af gruppens arbejde og kompetence. Gruppen oplever som følge heraf stor mistrivsel.

Gruppen oplever her spændinger ved, at deres stabile sociale vaner og opfattelser nu skal ændres mere end de kan overskue og stå inde for.

Dagafdelingen skulle have haft muligheder for at udveksle og drøfte oplevelser og forventninger i forhold til de nye opgaver sammen med den øvrige organisation. Dette kunne have ført til fælles erkendelser og ønsker om kompetenceløft og opkvalificering i forhold til de nye opgaver. Der skulle også have været igangsat eksperimentering og handling, som der efterfølgende kunne have været skabt mening og retning omkring, således at både nye og gamle overbevisninger kunne koordineres, afstemmes og anerkendes.

Case 3

Ved sammenlægninger af afdelinger i industrivirksomheden i case 3, har en ny leder valgt at nogle nye rutiner skal udvikles og afprøves i den nytilkomne afdeling først, for siden at blive videreført til den anden oprindelige afdeling. Sammenlægningen udgør et meget stort forandringspres og udfordrer især den oprindelige afdelings stabilitet og tryghed. De er meget uforstående og frustrerede og udråber de nye rutiner som utilstrækkelige og forkerte. Den tilkomne afdeling er anderledes engagerede i de nye eksperimenter og der opstår splid og uoverensstemmelser mellem afdelingerne, som både nedgør og ringeagter hinanden.

De nye rutiner udgør en for stor forskel til den oprindelige afdelings fælles forståelser af, hvordan arbejdet skal udføres. Afdelingen er samtidigt meget forvirrede over og usikre på, hvad der fremover skal regnes for god praksis i virksomheden.

Sammenlægningerne skulle have været grebet anderledes an. Der skulle have været informeret tydeligt over alt i organisationen om de nye tiltag som skulle afprøves i den tilkomne afdeling først. Den oprindelige afdeling skulle endvidere have haft mulighed for at komme med forslag til de nye tiltag, sådan at deres kompetencer og fælles forståelser blev anerkendt. Det ville have været gavnligt med fælles debat og refleksion mellem medarbejdere og ledere i de berørte dele af organisationen, sådan at der kunne have været skabt fælles mening og forståelse for de tiltag, der skulle igangsættes og hvilken betydning de kunne få for virksomhedens fremtidige retning, mål og samarbejde.

Ubalancer mellem identitet og selvopfattelse overfor legitimitet og styring

Case beskrivelserne 4-6 omhandler situationer, hvor der er opstået konflikt mellem medarbejderes faglige identitet og selvforståelser i forhold til nye styringsforhold i organisationer. Som det er tilfældet i case 1-3, er situationerne i case 4-6 også meget fastlåste.

I cases 4-6 er der som i de tre foregående cases blevet forsømt at tage hensyn til de nødvendige tiltag som er forudsætninger for at trivsel kan eksistere under forandringer. Holdes disse forudsætninger op imod de enkelte case beskrivelser 4-6, på samme måde som i forhold til 1-3, fremkommer der også i disse cases nogle tydelige mangler i den forandringspraksis der her har været gældende.

Case 4:

Ingeniøren Gitte føler sig meget kompetent. Gitte har været vant til at arbejde meget alene og selvstændigt. Hun oplever stor frustration over at hendes nye leder insisterer på løbede dialog om Gittes opgaveløsning og at lederen også stiller krav i den forbindelse. Lederen ønsker også at Gittes arbejde i højere grad skal koordineres og sammentænkes med afdelingens øvrige opgaver.

Herved opstår der en ubalance mellem lederens forståelse af, hvad der er legitim ledelse og Gittes faglige identitet som selvstændig og selvledende medarbejder. Gitte har følt en stor faglig stolthed, anseelse og identitet ved hendes arbejde. Hun føler dog ikke længere, at hendes arbejde bliver ordentligt anerkendt og hun mener, at lederens indblanding dybest set er irrelevant for hendes opgaveløsning. Gitte mistrives som følge af dette.

Gitte og hendes leder skulle have haft dialoger om hvad de hver især opfatter som legitime forventninger og krav i arbejdet. De kunne derved have opnået fælles forståelser som både kunne anerkende Gittes selvstændige identitet som fag-professionel specialist og lederens legitime krav om at Gittes arbejdsindsats i højere grad skulle koordineres og sammentænkes med afdelingens øvrige opgaver. En sådan dialog ville både kunne problematisere en ufleksibel og fastlåst faglig identitetsforståelse og sikre en egnet ledelsestilgang i forhold til Gittes arbejdsindsats.

Case 5:

Specialskolen i case 5 identificerer sig som professionelle hjælpere ud fra en fælles faglig undervisningsideologi. De arbejder hårdt og idealistisk og bliver ind i mellem for pressede i disse bestræbelser. Ved kommunale krav om nye ændrede undervisningsmetoder- og tilgange, holder medarbejdere og lederen fast i den hidtidige praksis, da de ikke finder de nye tilgange relevante og at disse tilmed opleves i modstrid med deres faglige ideologi og selvforståelse.

Personalet oplever en ubalance mellem deres fælles identitet som ideologisk metodiske praktikere og kommunens anderledes forventninger med hensyn til metodisk legitimitet. Personalet vælger en strategi, hvor de lader de nye tilgange supplere de hidtidige metoder, for trods alt at leve op til kommunens krav. Som følge af dette kommer de til at arbejde endnu mere, hvilket fører til belastning, sygemeldinger og opsigelser i en grad, så kommunen vælger at lukke skolen og starte forfra med nyt personale.

Specialskolens medarbejdere og leder skulle i case 5 have været udfordret på deres fælles strategi om at bevare deres hidtidige praksis sideløbende med indførelsen ad de nye krævede praksis. Særligt lederen skulle have sikret både eksperimenter og afprøvning samt processer af dialog og refleksion over, hvordan der kunne skabes mening mellem skolens ideologiske udgangspunkt og kravet om ny undervisningstilgang. Kommunens repræsentanter, som kendte specialskolens udgangspunkt, skulle også i deres dialog med skolens leder have interesseret sig for, at der blev lavet realistiske aftaler om, hvordan de nye krav kunne udmøntes på en meningsfuld måde i skolen.

Case 6:

I case 6 skal et sygehus have effektiviseret nogle administrative arbejdsgange ved hjælp af et nyt omfattende IT-system. Det nye system betyder bl.a. at læger skal varetage opgaver med journalføring, som hidtil har været løst af sekretærer. IT-systemet viser sig også at have store fejl og uhensigtsmæssigheder.

Lægerne kan ikke identificere sig med disse opgaver. De oplever uba-
lance mellem deres identitet og autoritet som læger og sygehusets nye
forventninger til, hvad der kan være legitime opgaver for lægerne.
Lægerne mobiliserer bl.a. på grund af disse forhold stor modstand
mod IT-systemet blandt deres fagfæller på andre sygehuse. Der opstår
en større konflikt mellem de ledende overlæger og de øvrige højt pla-
cerede ledere i organisationen. Lægerne og de ledende overlæger skri-
ver mange indlæg i pressen, hvor de med baggrund i deres lægefag-
lige identitet især opponerer mod organisationens administrative sty-
ring af deres opgaver. Lægerne mistrives og flere ledende overlæger
opsiger deres stilling.

Effektiviseringerne på sygehuset skulle have været indledt med pro-
cesser, hvor både læger, ledende overlæger, administrative ledere og
andre af sygehusets faggrupper kunne deltage i idégenerering og ud-
vikling af, hvordan deres opgaver bedst kunne afhjælpes og koordine-
res med indførelsen af det nye IT-systems virkemåder. Der skulle her
være truffet beslutninger om en opstart, der tog afsæt i en afvejning af
lægernes faglige identitetshensyn overfor administrative og logistiske
styringshensyn. Der skulle samtidigt have været igangsat eksperimen-
ter og afprøvning af forskellige aktiviteter, som der kunne uddrages
en læring af, som sygehusets personale med tiden kunne anvende til
at skabe mening om det nye IT-systems virkemåder.

Analyser på tværs af modellen

Som det blev beskrevet i DEL I, kan elementer indeholdt i modellen interagere mere komplekst og på tværs i modellen, ligesom individuelle, gruppevise og organisatoriske forhold ikke helt kan adskilles. Den mistrivsel som ledere og medarbejdere oplever i de enkelte case beskrivelser, skal helt generelt ses og forstås i sammenhæng til de sociale, kulturelle og kontekstuelle aspekter, som personalet er en del af.

I case 1 kan socialrådgiveren Peter, ud over ubalancer mellem stabilitet og forandring, således også opleve spændinger i forhold til legitimitet, idet de mange forandringer er legitimeret af ledelseskrav, som han ikke kan relatere til. På samme måde kan den oprindelige afdeling i case 3 opleve, at nye rutiner og tilgange har opnået en legitimitet, som de ikke selv kan stå inde for.

I case 2 kunne dagafdelingen, ud over ubalancer mellem stabilitet og forandring, opleve en spænding til deres fælles faglige identitet, som de har svært ved at udvikle. Et sidste eksempel kunne være, at Specialskolens personale i case 5, ud over ubalancer mellem identitet og styring, oplever spændinger til ustabilitet og forandring, idet de er for overvældet af den nye styring til, at de kan integrere denne med deres hidtidige praksis.

I case beskrivelserne 2 og 5 optræder der, udover ubalancer på gruppeniveau også sociale dynamikker på organisatorisk niveau og fra de organisatoriske omgivelser. I case 2, har øvrige afdelingers vurderinger og forventninger betydning for dagafdelingens mistrivsel og i case 5, har kommunens forventninger og krav betydning for skolepersonalets trivsel.

Analyser ud fra andre traditionelle modeller

Case 1 vil også kunne analyseres på baggrund af individuelle analysemodeller. (JF. s. 53). I Karaksek og Therorells krav-kontrol-model, kunne Peters mistrivsel først og fremmest forstås som ubalancer mellem krav og hans indflydelsesmuligheder. Casen kan på samme måde forstås på baggrund af Lazerus' coping teori, hvor Peter ikke har haft kognitive og adfærdsmæssige muligheder for at håndtere de mange nye forandringer.

Dagafdelingens mistrivsel i Case 2 kunne også analyseres ud fra Visholms psykodynamisk-systemteoretiske model. Deres mistrivsel kan her ses som resultatet af, at både afdelingen selv og øvrige afdelinger, udspiller psykodynamiske roller og irrationelle forsvarsmekanismer grupperne imellem, som følge af pres.

Som et sidste eksempel kunne mistrivslen i case 6 forstås ud fra Cameron og Quinns model: Competing values framework, som også medtager socialt og kulturelt betingede mekanismer. Sygehusets mindset i forhold til forandringer ville da være præget af Hierarkiet, som er karakteriseret ved stabilitet og kontrol samt et internt fokus, hvilket giver personalet udfordringer ved større forandringer.

OVERORDNEDE BETRAGTNINGER OM TILSTANDSMODELLEN OG METODER

Der kan gennemføres aktiviteter med analyser og forbedringstiltag under mange former lige fra akutte processer til hele undersøgelsesdage. Der skal skelnes metodisk imellem individuelle dialoger, gruppeprocesser og større gruppesammenhænge. Det er min erfaring, at der under alle omstændigheder skal etableres anledninger til mere tidskrævende processer fra tid til anden. Hvis der skal skabes gode muligheder for at få delt oplevelser og udsagn om psykologiske og sociale tilstande, vil det i mange tilfælde være nødvendigt med processer af flere timers varighed. Dette er også tilfældet i mindre grupper. Kulturelle logikker og faglige identiteter kan være ubevidste eller være genstand for beskyttelse af både medarbejdere og ledere, hvorfor der kan være modstand og uvilje forbundet med at tydeliggøre og synliggøre dem. Oplevelser af psykisk pres og ustabilitet er naturligvis mere direkte og synlige oplevelser, men også her, er det væsentligt, at få delt oplevelser og fortællinger med hinanden. Fortællingerne er et helt nødvendigt udgangspunkt for fælles forståelse og erfaring af situationer og tilstande.

Den narrative tilgang

I bestræbelser på at italesætte og reflektere over flertydighed, paradokser og fortællinger bag kultur og sproglige diskurser er en såkaldt narrativ tilgang anvendelig. Michael White (2006), har med sine principper om f.eks. *"refleksiv distance"* og at *"gøre tynde historier tykkere"* samt principper om, at der skal fortælles flere fortællinger om samme fænomener, grundlagt denne tilgang. Vores historier eller fortællinger om situationer og sammenhænge er meget begrænsede og udgør kun en *tynd* version af samme. Vi må derfor bestræbe os på at forholde os med *refleksiv distance* til både egne og andres fortællinger om situationer og sammenhænge, sådan at vi kan i højere grad kan skabe mening om samme.

Ledere og medarbejdere kan i den forståelse betragtes som medskabere af et fælles sprog, der konstruerer diskurser og fortællinger om mening og retning i organisationer. Forandringsprocesser beskrives i den narrative tradition som såkaldte polyfoniske fænomener, hvor samtaler introduceres, vedligeholdes og forsvinder (Czarniawska,1997).

White er især inspireret af *Wittgenstein, Foucault og Derrida*. Wittgenstein, (1958) har gjort det tydeligt, at vi som mennesker ikke nødvendigvis deler sproglige fællesskaber, men tværtimod er engageret i forskellige sprogspil. Foucault (1982), har påpeget, hvordan kulturelle logikker, kan have direkte og indirekte indflydelse og magt i form af *diskurser,* hvor forskellige strategier til *selvdisciplinering* får den enkelte til at agere i overensstemmelse med disse herskende *diskurser.* White anvender endeligt Derridas (2002), teorier om såkaldt *dekonstruktion,* med henblik på at afdække skjulte modsætninger frem i sprog og kulturelle logikker.

METODER I PRAKSIS

En hvilken som helst proces, nyskabelse eller forandring, kan i princippet være genstand for undersøgelse ved hjælp af tilstandsmodellen. Der skal altid spørges til flere forskellige elementer i modellen, da modellens elementer interagerer i balancer og komplementært til hinanden.

Fænomener af mistrivsel kan være meget komplicerede og bør derfor ikke forsimples. Trivsel og mistrivsel vil generelt have meget betydelig sammenhæng til sociale, kulturelle og kontekstuelle aspekter og vil variere situeret i relation hertil. Når man undersøger i forhold til balancer med tilstandsmodellen, vil det derfor være gavnligt, og i mange tilfælde nødvendigt, at enkelte ubalancer ses som i en helhed, hvor sociale og kulturelle forhold har betydning. Der er naturligvis mange muligheder for variation og situerede undersøgelsesformer. Det er vigtigt, at mange elementer af modellen bliver berørt ved undersøgelser og de enkelte elementer i modellen kan med fordel samles i overordnede spørgsmålstyper. Det er også vigtigt, at der både undersøges i forhold til det aktuelle og fremadrettet samt at der formuleres en handleplan i forlængelse af undersøgelsesprocessen.

Der kan eksempelvis spørges som følger:

1.   Aktuelle spørgsmål

Hvad er det vi oplever?

- Hvilke logikker og tendenser er vi og andre omkring os prægede af?

- Er vi under pres – og på hvilke måder?

- Hvilke fornemmelser af vished kan vi identificere?

- Kan vi identificere os med det, der sker? – og oplever vi, at det giver mening?

- Hvad ønsker vi selv og andre? - Hvilke oplevelser har vi af, hvad der er legitimt?

2. Fremadrettede spørgsmål

Hvordan kan vi gøre det meningsfuldt?

- Hvordan kan vi skabe stabilitet og tryghed?

- Hvordan ser det ud, når vi kan identificere os med de igang-
  værende forandringer?

- Hvordan kan vi skabe overensstemmelse og mening i vores
  forskellige oplevelser af forventninger og krav?

- Hvilke tiltag kan vi afprøve?

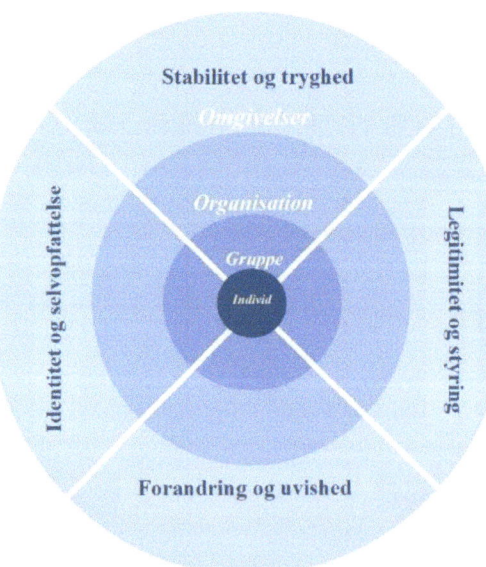

Undersøgelser i grupper

Systemiske undersøgelsesmetoder

Narrative principper kan med fordel anvendes i kombination med klassiske systemiske metoder ved undersøgelser i grupper. De klassiske systemiske metoder hviler på en grundantagelse om, at vi ikke umiddelbart har adgang til hinandens oplevelser. Dette udgangspunkt er måske ikke helt så toneangivende længere. Det er imidlertid, som nævnt ovenfor, min erfaring, at synspunkter og perspektiver kan være meget svære at tilvejebringe pga. utryghed eller usikkerhed og at det her er gavnligt med en systematisk metode, der kan bringe forskellighederne frem. Den systemiske tænkning har medført nogle undersøgelsesmetoder, der på en meget grundig og systematisk måde, undersøger folks forskelle i perspektiver og oplevelser, samtidigt med, at der lægges vægt på handling og afklaring. Disse metoder er under alle omstændigheder meget velegnede til at få belyst og italesat en gruppes fortællinger og oplevelser af begivenheder, tilstande af belastning, ejerskab og handlinger.

Karl Tomms spørgsmålstyper

En meget benyttet undersøgelsesmetode i den systemiske tradition er Karl Tomms (1988) spørgsmålstyper, hvor der systematisk og på skift spørges på forskellig måde. Spørgsmålene fokuserer på fortiden eller på fremtiden.[2]

Bagudrettede spørgsmål

Lineære spørgsmål

Linære spørgsmål forsøger at skabe gensidig afklaring og fælles beskrivelser om situationer, udfordringer og konflikter mv. De er typisk rettede mod fortiden.

Cirkulære spørgsmål

Cirkulære spørgsmål forsøger at undersøge forskellige perspektiver, opfattelser og forskelle hos hinanden i forhold til en beskrevet situation eller udfordring. De er også rettet mod fortiden

Fremadrettede spørgsmål

Strategiske spørgsmål

Strategiske spørgsmål forsøger at påvirke og konfrontere forskellige perspektiver, der kommer til udtryk og opfordrer til handling. De er rettede mod fremtiden

---

[2] Han har fremsat forskellige udgaver og det følgende opsamler fra flere perioder.

Refleksive spørgsmål

Refleksive spørgsmål forsøger at facilitere nye idéer, initiativer og handlemuligheder i forhold til den konkrete situation eller udfordring, som der arbejdes med. De er rettede mod fremtiden.

Det er min erfaring, at det fremmer processen og åbenheden, hvis man konkret bevæger sig mellem de forskellige spørgsmålstyper på en skitse tegnet på gulvet. Det fysiske skift bevæger og smidiggør også de mentale barrierer, man måtte have.

Domæneteorien

En anden metode kunne være bevidste skift i undersøgelser mellem Humberto Maturanas tre overordnede domæner: *Det produktive, de mange forklaringers* og *det æstetiske domæne*[3] (Storch, Søholm & Molly, 2005, s.3-5).

Det produktive domæne repræsenterer vores primære handlingsfelt, hvor vi bruger kommunikation uden selvrefleksion, betoner handling og tager udgangspunkt i et sæt fælles forståelser af, hvad der er den rigtige måde at handle på.

---

[3] Maturana overlod det derefter til de systemiske teoretikere Lang, Little og Cronen, at videreudvikle teorien (Storch, et al., 2005, s.1).

Kommunikation i *æstetikkens domæne* synliggør og undersøger personlige menings- og handlemønstre som følelsesmæssige, politiske eller trosmæssige forhold.

De mange forklaringers domæne[4]. synliggør og undersøger forskellighed og individuelle meningskonstruktioner om virkeligheden, som giver sig udslag i forskelligartede meninger, værdier, grundantagelser, oplevelser, opfattelser og forklaringer (Storch, et al., 2005, s.5).[5]

Undersøgelser i større grupper

Det reflekterende team

Den meget velkendte og yderst anvendelige systemiske metode med *Det reflekterende team*, kan have mange udformninger, men har samtidigt nogle særlige træk. Metoden er udviklet af Tom Andersen

---

[4] Benævnes også ofte som *Det refleksive domæne,* hvilket er misvisende, idet refleksion ikke er fraværende i de øvrige domæner (Storch, et al., 2005, s.5).

[5] Maturana følger her principperne fra Batesons såkaldte 2. ordens kybernetik, hvor individuelle iagttagelser og refleksioner undersøges ved kommunikative processer ud fra cirkulær kausalitet (Danelund & Jørgensen,1999, s.19).

(1997) og består i det væsentlige af skiftende samtaleprocesser mellem en interviewer, en fokusperson og et team af deltagere, der observerer og reflekterer over samtalen mellem interviewer og fokusperson. (Andersen, 1997). Metoden er særligt velegnet til at tilvejebringe refleksioner over forskellige fremsatte refleksioner.[6]

Metoden tager udgangspunkt i at en fokusperson præsenterer et problem, som ønskes belyst ud fra nye synsvinkler. Efter at intervieweren har spurgt åbent og undersøgende ind til konkrete forhold, bliver et team af deltagere bedt om at reflektere højt, vedr. det hørte og at komme med hypoteser, og nye aspekter omkring problemet. Interviewer hjælper herefter fokuspersonen med at reflektere over de nye og anderledes vinkler. Dernæst udveksler det reflekterende team igen kreative forestillinger om alternative sammenhænge og idéer til, hvordan problemet kunne gribes an på nye måder. Endeligt vurderer fokuspersonen, hvad der især var givtigt ved det reflekterende teams hypoteser, spørgsmål og handleforslag og til sidst præsenterer fokuspersonen evt. en ny erkendelse eller forståelse af det oprindelige problem.

Fishbowl

---

[6] Såkaldte 2. ordens kybernetiske refleksioner, Efter Gregory Bateson (2000).

En tredje ligeså velkendt og relevant metode er *Akvarie-modellen* (fish bowl), som kan gennemføres i mange variationer med både åbne og mere styrede spørgsmål. Den er meget anvendelig i store grupper. Oprindelsen af denne model er ukendt og anvendes ikke specielt i forhold til særlige teoretiske perspektiver.

Princippet i akvariemodellen er, at en del af en gruppe sætter sig i midten af rummet og enten drøfter et vedtaget emne, eller selv bringer emner i spil, som de ønsker. Resten af gruppen placeres udenfor denne gruppe. De overværer drøftelserne og reflekterer over det fremsatte hver for sig. Hvis der anvendes en interviewer, kan den pågældende åbne og lukke forskellige emner og opfordre til fælles refleksion. Men udgangspunktet er, at deltagere kan sætte sig og drøfte emner, når de ønsker det, ved at overtage pladser i midten, efterhånden som de bliver ledige.

Denne form kan være meget ustruktureret, men kan sikre, at der ad forskellige veje, bringes vidt forskellige fortællinger i spil. En variant af dette er, at hele grupper eller udvalgte ledere på skift sætter sig i midten og interviewes under forskellige former, som alle deltagere herefter bevidner.

Det bærende i denne model er at sikre, at der, i lighed med det reflek-terende team, *samtales om samtalerne*. Herved etableres det der i sy-stemisk sprogbrug kaldes 2. og 3. ordenstænkning.

LEDELSE AF TRIVSEL UNDER FORANDRINGER

Ledelse af trivsel kan som tidligere påpeget antage mange former under forskellige situationer. Hverken Deci eller Ryan, Scott eller Weick beskæftiger sig direkte med organisatoriske metoder og ledelsespraksis, hvilket er særligt udtalt for Deci og Ryans vedkommende.

Decy og Ryan, Scott og Weicks generelle anbefalinger ift. trivsel kan dog være et væsentligt grundlag for en ledelsespraksis der vil sikre eller understøtte trivsel under forandringer.

Forfatternes anbefalinger kan jf. DEL I og III, opsummeres således:

- Det er nødvendigt at alle bestræber sig på ærlig og tydelig information og kommunikation under forandringer.

- Alle skal opleve medinddragelse og valgmuligheder i spørgsmål om ny praksis.

- Medarbejdere og ledere trives ved at deres indsats og faglige vurdering anerkendes som legitime under forandringer.

- Uvished og kompleksitet må modereres af en vis stabilitet og genkendelig struktur, således at medarbejdere og ledere kan lykkes med at integrere og samstemme forandringerne med deres selvopfattelser og identitet.

- Der skal koordineres og skabes mening i forskellige sociale og kulturelle forventninger og krav, som medarbejdere og ledere er en del af.

- Medarbejdere og ledere må opleve mening i forandringerne. Dette opnås dels ved, at der etableres mulighed for at handle og eksperimentere i forhold til forandringer og dels ved, at der lejlighedsvis er mulighed for at se tilbage og skabe mening i disse handlinger og eksperimenter.

Jeg vil nedenfor beskrive to meget forskellige ledelsesstile der vil være gavnlige for trivsel i organisationer. Disse ledelsesstile er forenelige med de anbefalinger, som Deci og Ryan, Scott og Weick bidrager med.

Bernard Bass

Bernard Bass er på linje med både Deci og Ryan, Scott og Weick i synspunktet, at radikale ændringer helst skal foretages i samklang med medarbejderenes egne ideologier, værdier og forestillinger. Bass har på baggrund af Burns (1978), teori om såkaldt *transaktionsledelse* og *transformativ* ledelse fundet frem til fire overordnede træk, som har betydning for god ledelsesadfærd: *Idealiseret indflydelse, inspireret motivation, intellektuel stimulation* samt *individuel opmærksomhed.* Han har fundet en særlig udtalt sammenhæng mellem transformativ ledelse, medarbejdertilfredshed og trivsel (Bass & Riggio, 2005).

Bass mener at medarbejdere mister identitet og formål ved forandringer og at de derved bliver angste og deprimerede. Transformativ ledelse hjælper imidlertid medarbejdere til at tænke ud over deres egne umiddelbare egeninteresse, sikkerhed og tryghed og til større forandringsparathed og opretholder identitet, integritet og dedikation (ibid, s.43-44). Dette gør medarbejdere mere tolerante og robuste ift. flertydighed og uvidenhed. I dag opererer Bas med en udvidet model: *Full range of leadership model* (FRL) som også inkluderer belønning under særlige betingelser og ved særligt fremragende resultater. Bass anser relevansen af denne model som noget af det mest dokumenterede forskningsresultat vedrørende ledelse i både private og offentlige sammenhænge (ibid, s.152).

Bass lægger efter min mening noget ensidig vægt på lederes betydning og rolle for medarbejderes trivsel og funktionsmåde, men teorien kan inspirere til nogle overordnede principper vedrørende forvaltning af lederes adfærd og rolle i relation til trivsel under forandring.

I Danmark har Lotte B. Andersens i et forskningsprojekt, taget udgangspunkt i transformativ og transaktionsledelse (Andersen, Jacobsen & Jensen, 2016) samt (Andersen, Anderen & Pallesen, 2016). Hun har blandt andet fundet sammenhænge imellem transformativ ledelse og motivation.

DAC-ontologien

DAC betegner på engelsk Direction, Alignment og Commitment (Drath et al., 2008). Ledelse i den såkaldte DAC-ontologi forstås som samskabelse af fælles retning, koordinering og gensidig forpligtigelse. (Se også s.58).

-Direction handler om at skabe forståelse og mening i forhold til fælles overordnede mål og strategier.

-Alignment har at gøre med relationel koordinering af ressourcer og aktiviteter.

-Commitment handler om at skabe en dedikation til den kollektive succes, der er mindst lige så stærk som dedikationen til ens egen personlige og ens egen gruppes succes.

Teorien har vakt meget opsigt i de senere år pga. dens særlige opfattelse af lederrollen. Ledelse skal ikke her nødvendigvis forstås i en traditionel sammenhæng af ledere, følgere og fælles mål (såkaldt tripod ontologi). Ledelse ses i stedet som et resultat, eller som en tilstand, der skal opnås. Det er en pragmatisk ledelsesforståelse og teorien er optaget af, hvordan mennesker, som arbejder sammen producerer fælles retning, koordinering og gensidig forpligtigelse (ibid). Ledelse er kort sagt forskellige aktørers evne, hvoraf nogle har titler af ledere, til at skabe direction, alignment og commitment på tværs af organisatoriske grænser til understøttelse af højere visioner og mål. (Ernst & Chrobot-Mason, 2011).

Tanken er, at aktører der i høj grad identificerer sig med deres organisation og team er mere tilbøjelige til at betragte andre omkring dem som kilder til ledelse. Aktørerne føler en stærk identifikation og sammenhør med organisationen og dens succes. (Chrobot-Mason et al., 2016).

DAC´s antagelser er således på linje med denne bogs antagelser om betydningen af identitet, legitimitet og mening samt de kulturelle aspekter, som Deci og Ryan, Scott og Weick fremhæver betydningen af. I Danmark har især Anders Trillingsgaard (2015) været med til at introducere teorien.

AFSLUTTENDE BETRAGTNINGER

Det er min klare erfaring, at forandringsprocesser er meget forskellige og at de derfor også skal gribes meget forskelligt an. Lederstilen må derfor også forstås som situeret og varieret mht. anerkendelse, involvering og styring. Ledelsesindsatsen i forhold til trivselsfremmende processer, vil tilsvarende også typisk skifte undervejs i de enkelte processer.

Nogle gange er det diktater fra lokal ledelse, eller lovgivning mv. der sætter forandringsprocesser i gang. Dette er fint og nødvendigt fra tid til anden. Dette betyder dog ikke, at der her kan undlades at følges op gennem at inddrage erfaringer og oplevelser samt at der skabes mening. Disse aktiviteter kan ikke springes over. Selv ved meget upopulære ledelsesdikterede aktiviteter, skal der findes måder, at skabes mening på ligesom modsætninger skal italesættes og begrundes.

Når der er tale om faste krav fra f.eks. ydre vilkår, der vitterligt ikke kan ændres, kan et vigtigt element i meningsskabelse være tydeliggørelse af dette. Hvor krav kommer fra, hvorfor de kommer, hvordan de indgår i en samlet ledelseskæde, hvilken baggrunde de har mm. Der kan næsten ikke fortælles nok i disse situationer. Utilfredshed, dårlig stemning er her forståeligt og forventeligt, men det er afgørende, at det også kan stoppes, da dette stresser og presser både ledere og medarbejdere. Det er en af de største stressfaktorer, når der eksisterer utilfredshed og frustrationer i længere tid over noget der ikke kan ændres ved, men dette er desværre meget almindeligt i organisationer.

Forandringsprocesser og planlægning

Det er meget vigtigt, at forandringsprocesser ikke forceres. Det er efter min erfaring meget svært at skynde sig, da dette uvægerligt vil medføre psykiske og sociale tilstande i organisationen, der helt automatisk opbremser processen. Mange forandringsprocesser, jeg har været en del af, er endt med at medføre unødig mistrivsel og at trække endnu længere ud end de lange implementeringer man ellers forestillede sig at undgå pga. hastværk i implementeringen.

Det er min klare erfaring, at forandringsprocesser formes og ændres samtidigt og løbende imedens aktiviteter sættes i gang. Der skal derfor ofte kun vedtages nogle få fastlagte rammer på forhånd. Det er nemlig meget almindeligt at innovative processer udvikler sig i helt andre retninger end man forventede – og ofte også meget hurtigt efter at man er kommet i gang.

En forandringsproces skal ofte koordineres med andre forandringsprocesser, der er opstået eller opleves tiltrængte. Når man forandrer løbende, vil man samtidigt opleve, at processerne bliver meningsskabende og at de kan koordinere logikker i sig selv. Mening kommer ofte hen ad vejen. Jeg har utallige gange oplevet, at løsninger finder andre problemer, der har været lagt lidt væk og at problemer da kan flyde sammen i større løsninger. [7]

Der er her et dilemma, der har stor betydning. Det er de små innovative og kontinuerligt sammenvævede forandringer, der giver de bedste og mest spændende organisatoriske løsninger. Disse processer kan imidlertid også være de mest krævende og stressende at deltage i og være dem der skaber mest forvirring, uvished og ustabilitet. Forandringer skal her så vidt muligt afbalanceres med ledere og medarbejderes oplevelser af stabilitet, tryghed, identitet og legitimitet, som det fremhæves af denne bogs tre hovedteorier. Langstrakte og sammenhængende forandringsprocesser er måske nok de mest skånsomme, men kan samtidigt vise sig at være forældede og irrelevante, når de er gennemførte. Spørgsmålet om, hvorvidt forandringsprocesser bør gennemføres i små steps (Inkremental forandring), i større steps eller i et stort step (Radikal forandring) er afhængige af de enkelte forandrings- tiltag og processers størrelse og karakter. Se f.eks. (Weick & Quinn, 1999) for en grundig behandling af disse spørgsmål.

---

[7] Disse erfaringer minder om principperne i Garbagecan – teorien, som oprindeligt blev udviklet af March, Olsson m.fl.

Dette at sætte aktiviteter, eksperimenter og handling i gang er ikke tilstrækkeligt i sig selv. Det helt væsentlige bliver, at der italesættes, drøftes og evalueres undervejs ved åbne mødeformer af dialog og meningsudveksling. Møder og samtaler kan tydeliggøre det mere utydelige, som på forskellig vis betones af Deci og Ryan samt Scott og er i sig selv meningsskabende aktiviteter eller *sensemaking,* i Weicks forståelse.

DEL III

TEORETISKE GENNEMGANGE, SAMMENHÆNGE OG FORSKELLE

EDWARD L. DECI OG RICHARD M. RYAN

SDT – Self-Determination Theory

Psykologerne Edward Deci og Richard Ryan har i mere end 40 år fremsat teorier om motivation og trivsel på baggrund af omfattende socialpsykologisk forskning. De anvender empiriske studier som grundlag for deres teoretiske arbejde og har her fundet, at mennesker er grundlæggende nysgerrige, og dybt sociale væsener som er disponeret for *intrinsic* (indre) motivation.

Deci og Ryan har især beskæftiget sig med såkaldt *Selv-regulerings-teori,(SDT)*. Selvreguleringsteori undersøger hvordan biologiske, sociale og kulturelle vilkår enten fremmer eller hæmmer menneskelig kapacitet for psykologisk vækst, engagement og trivsel (Ryan & Deci, 2017, s.3) og er fremkommet ved integration af evolutionsteori, psykofysiologi, neurovidenskab, økonomiske og socialpsykologiske teorier (ibid, s.8).

Deci og Ryan er således inspireret af flere teoretiske traditioner. De bygger blandt andet på humanistisk psykologi, især Carl Rogers, og

principet om konstruktion af aktualisering af ens iboende natur
(Ryan & Deci, 2017, s.47). [8] Deci og Ryan anlægger endvidere et så-
kaldt *organismisk* syn på psykisk udvikling, som bygger på en social-
psykologisk tradition, hvor menneskets indbyggede energi mod selv
organisering og udvikling er i fokus[9] (ibid, s.32). Denne tradition er
funderet i kognitiv læringsteori[10] og biologiske systemteorier (ibid,
s.35), hvormed de trækker på naturvidenskabelige og positivistiske
epistemologiske traditioner.

SDT er også inspireret af psykodynamisk teori. Dette gælder i særlig
grad tilknytningsteorierne (Bowlby, 1979), der betoner behovet for at
høre til og være forbundet med andre (Ryan & Deci, 2017, s.113 –
115), men også objektrelations-teoriers opfattelser af relationelle
aspekters betydning for begreberne identitet og selvet[11], således som
blandt andet Winnicott (1965) opfatter det (Ryan & Deci, 2017, s.46).

---

[8] Dog ikke Maslows hierarkiske fremstilling af behov, som de ikke mener har kun-
net påvises empirisk (Ryan & Deci, 2017, s.93)

[9] F.eks. Maturana og Varela fra den klassiske systemteori.

[10] SDT sidestiller Piagets kognitive udviklingsteori med udviklingsprocessen mod
den indre motivation (Ryan & Deci, 2017, s. 39)

[11] Deci og Ryan tager afstand til postmoderne og relativistiske opfattelser af det
fragmenterede, foranderlige og totalt kulturelt determinerede selv (Ryan & Deci,
2017, s.23)

SDT kan opdeles i seks miniteorier, hvoraf to, Organismic integrated theory (OIT) og Basic psychological needs theory (BPNT) indtager en særlig plads[12] (ibid., s.22). (se nedenfor).

Stabilitet og tryghed overfor uvished og forandring

SDT lægger vægt på vores evne til selvorganisering ved opfattelsen af, at vi opretholder og udvikler kompleksitet samtidigt med at vi bestræber os på at bevare en overordnet stabilitet og integritet i selvopfattelsen. Denne afvejning ser de som en forudsætning for oplevelser af virkelyst og trivsel, men Ryan og Deci fremhæver også, at vi let blokeres og begrænses i denne bestræbelse. Deci og Ryan mener at forandringer grundlæggende er vanskelige at håndtere, da mennesker har det med at opleve modstand imod forandringer pga. de uvisheder der er forbundet med dem. Det væsentlige i denne sammenhæng er, at nye aktiviteter må opleves vigtige og kongruente med individets værdier, mål og selvopfattelse, hvis aktiviteterne skal undgå at føre til mistrivsel (Ryan & Deci, 2017).

---

[12] De 4 øvrige er Cognitive evaluation theory – (CET), Causality oriented theory (COT), Goals contents theory (GCT), Relationship motivation theory (RMT) (Ryan & Deci, 2017, s.20)

Når Deci og Ryan behandler spørgsmål om stabilitet og tryghed, anvender de bl.a. en biologisk inspireret tænkning om organismer, som komplekse strukturer af uafhængige elementer, som er determineret af deres funktion som helhed. Ethvert system ses her afgrænset fra omverdenen, men indgår i komplekse mønstre af relationer til andre systemer. Systemer fungerer ved såkaldt *Homeostase,* - idet de organiserer sig omkring en ligevægtstilstand. Derved opretholder og udvikler de deres kompleksitet imens de bevarer en overordnet integritet (Bertalanffy, 1968). Den klassiske systemiske tradition er bygget på disse principper, hvor også Maturana og Varelas (1987) noget yderliggående og såkaldt autopoietiske version hævder at systemer er operationelt lukkede om sig selv[13]. Deci og Ryan deler dog ikke helt sidstnævnte position. Det er for dem en afgørende pointe, at evnen til regulering og opretholdelse af stabilitet kun kan kun forstås i relation til de samlede kontekstuelle sociale og kulturelle sammenhænge, regler, forventninger som mennesker er indlejret i.

---

[13] Med henvisning til kybernetikken.

Biologisk og neuropsykologisk forskning

Deci og Ryan henviser ofte til den del af hjerneforskningen, der be-skæftiger sig med de samme mekanismer mellem stabilitet og foran-dring. De henviser f.eks. til Anotonio Damasio_og hans forskning om-kring *selvet* (Damasio, 2004). Damisio skelner imellem et selvbiogra-fisk selv, der til stadighed reguleres af den enkeltes oplevelser og er-faring og et mere uforanderligt kerneselv. Sigmund Freuds[14] grund-læggende driftsteori matcher i øvrigt noget af denne forskning, idet han var den første til at fastslå, at læring er forankret i den biologisk og genetisk udviklede trang til livsudfoldelse som overlevelsespoten-tiale og lystbetonet drivkraft (F.eks. Damasio, 2004, s.47).

På samme måde finder Deci og Ryan støtte til deres antagelser i forskning omkring de neurologiske processer der ligger til grund for oplevelsen af kontrol og autonomi. F.eks. Leotti & Delgado (2011). Den affektive oplevelse af valg indebærer et belønnings-behandlings-kredsløb, når folk forudser positive eller negative resultater. Tilsva-rende kan af forskning af Kuhl & Quirin (2015) påvise en positiv sammenhæng mellem graden af integrerede værdier eller mål og ef-fektiv selvregulation.

---

[14] Dog anså Freud den samlede driftsenergi som værende konstant, hvilket ikke har kunnet underbygges (se f.eks. Illeris, s. 47 & 100-101).

Decy og Ryan trækker, som nævnt også på psykodynamisk tænkning i deres forståelse af "selvets" betydning for tryghed. Her er de inspireret af den engelske børnepsykiater Donald Winnicott og hans begreb, det sande selv ("The true self"), (Ryan og Deci, 2017, s. 46). Det er nødvendigt at have kontakt med det sande selv, da det er derved man kan føle sig virkelig (ibid, 2017, s. 61). For at udvikle kontakt til det sande selv, er der brug for en sikker og stabil base og omsorgspersoner, der kan imødekomme ens basale behov. Dette indebærer understøttelse af barnets basale behov for at blive set og rummet følelsesmæssigt (Winnicott, 1965). Fravær af dette medfører udviklingen af et falsk selv. Resultatet er tab af autonomi, virkelyst, initiativ, vitalitet og trivsel. Et falsk selv repræsenterer en patologisk form for adoption ift. kronisk ikke-responsive, kontrollerende og afvisende omsorg (Ryan og Deci, 2017, s.60). Evnen til autonomi ses her afhængig af oplevelsen af omsorgsfulde og responsive interesserede omgivelser, eller med Winnicotts ord: "faciliating environment". Miljøet må tilpasse sig individet, for at dette kan føle tryghed og i forlængelse heraf udvikle sig.

Basale behov
Deci og Ryans miniteori "Basic psychological needs theory" (BPNT) beskæftiger sig med, hvordan nogle identificerede basale behov

påvirker og modvirker trivsel (Ryan & Deci, 2017, s.21). De basale behov er identificeret empirisk fra datamateriale ud fra en lang række eksperimenter og betydelige mængder forskning (ibid, s.69) og skal ontologisk set opfattes som "objective rather than merely subjective phenomena" (Ryan & Deci, 2017, s.85).

De centrale behov er her følelser af: *autonomi, kompetence, og relationer* (ibid, s.242). Tilfredsstillelsen af disse behov betinger alle former for velbefindende, trivsel og vitalitet. SDT fremhæver betydningen af identitetsudvikling ift. behovstilfredsstillelse (ibid, 2017, s.385), og om specifikke kulturelle værdier eller praksis er konsistente med tilfredsstillelsen af disse behov.

Autonomi refererer "to feelings, willingness and volition with respect to one's behaviors" (Ryan & Deci, 2017, s.86), i bestræbelsen på at selvregulere ens erfaringer og handlinger ift. oplevelser af, hvad der er legitimt. Autonomi er ikke det samme som uafhængighed, men betegner i stedet adfærd som opleves kongruent med autentiske personlige interesser og værdier knyttet til ens selvoplevelse (ibid, s.97).

Kompetence "refers to feeling effective in one's interactions with the social enviroment" (ibid, s.86). Dette inkluderer oplevelser af

muligheder og støtte i forhold til udførelse og udtrykkelse af ens ka-
paciteter og talenter (ibid, s.86).[15]

Relationer henviser til "both experincing others as responsive and
sensitive and being able to be responsive to them" (Ryan & Deci,
2017, s.86) samt til betydningen af at høre til i sociale relationer. Be-
tydningen af relation er her inspireret af tilknytningsteori, Bowlby
(1969) og af Winnicotts (1965) betoning af at være rummet følelses-
mæssigt og modtage empati (Ryan & Deci, 2017, s.321).

Deci og Ryan mener, at der optræder passivitet og ineffektivitet, hvis
vi ikke oplever at få tilfredsstillet de tre grundlæggende behov. Dette
kan også generere oppositionel adfærd og vrede. Oplevelser af vitali-
tet og glæde er i det hele taget i høj grad afhængig af tilfredsstillelse
af disse behov.

---

[15] Denne forståelse er inspireret af Whites (1959) begreb om effektmotivation
(Ryan & Deci, 2017, s.112).

Identitet og selvoplevelse overfor legitimitet og styring

Deci og Ryan lægger vægt på, at vi som mennesker har mange identiteter og fremtrædelsesformer, som skifter fra tid til anden. Identiteter udgøres af vores interesser, tro, overbevisninger og værdier. Deci og Ryan opfatter det sådan at identiteter etableres ved samspillet mellem sociale erfaringer og vores indre selv og at vi via vores selvregulering skaber mening i vores selvfremstillinger i samspillet med sociale og kulturelle omgivelser.

Mennesker udvikler grundlæggende identiteter i hensigten at tilfredsstille ovennævnte basale behov. Deci og Ryan betoner således, at tilfredsstillelse af de basale behov generelt medfører commitment til udforskning og tilslutning til identiteter.

Deci og Ryan er inspireret af den britiske sociolog Antony Giddens' (1991) opfattelse af identitetsbegrebet. Giddens har fremhævet, at vi som individer kontinuerligt må træffe vigtige identitetsbærende livsstilsvalg, som igen kan medføre stor usikkerhed angst og tvivl og utryghed. Den proces finder sted i et spændingsfelt mellem rutiner og konformitet på den ene side og udvikling og kreativitet på den anden side., (Giddens, 1991, s.38). (se s. 147).

Selvet dannes i selvregulerende processer, men identitet opnås i mod-sætning hertil, flydende og dynamisk via erfaringer. Deci og Ryan op-fatter helt generelt social identitet som både dannet, opdaget, og ud-forsket under stærk indflydelse fra såvel kulturelle logikker og indre dispositioner. Sammenspillet imellem indre og ydre pres kommer til udtryk ved at vi forsøger at indregøre og integrere sociale identiteter i samspillet med vores omgivelser. At opretholde og bevare identitet kan være vanskeligt, men det er samtidigt også en stærk motivator for livslyst og energi. Konflikter ved indre identiteter i forhold til sociale og kulturelle forventninger og regulationer kan medføre mistrivsel og psykisk krise. Udvælgelse og udlevelse af identitet ses af Ryan og Deci derfor som et meget komplekst grundvilkår i den postmoderne tidsalder (Ryan & Deci, 2017).

Legitimitet og styring

Mekanismerne omkring oplevelser af identitet og selvforståelse kan stå i et spændingsforhold til oplevelser af, hvad eksterne forventnin-ger og regulationer legitimerer som passende. Deci og Ryan betoner, hvordan omgivelsers forventninger og regulationer både kan fremme basale behov og oplevelser af identitet, og selvforståelse samt mod-virke samme. Jo mindre vel integreret en identitet, jo mindre vil den blive oplevet autentisk og behovsopfyldende.

Eksterne forventninger og ydre regulationer kan opleves med stigende indregørelse hen imod oplevelser af, at de er integreret med egne identiteter og selvforståelse. Der kan samtidigt også opstå konfliktende rationaler mellem bevidste regler, moral og værdier samt identitetsbaserede og ubevidste kulturelle rutiner og referencerammer. Deci og Ryan kategoriserer denne indregørelse i deres miniteori "Organismic integrated theory" (OIT) som er en fremstilling af, hvordan regulationer kan opleves i forskellige stadier af ejerskab. (Se nedenfor)

Organismic integrated theory (OIT)

Deci og Ryans miniteori, Organismic integrated theory (OIT), betragtes som hjørnestenen i SDT. OIT betegner indregørelse af ydre legitimeret og reguleret motivation. OIT kan ses som "a process in which people work to give meaning to their experiences as they assimilate them into a coherent and integrated sense and self" (Ryan & Deci, 2017, s.253). Denne proces antages at finde sted gennem interne psykologiske processer af internalisering og integration af sociale værdier og regulationer fra nære og kulturelle omgivelser. (Ryan & Deci, 2017, s.179-180). "Internalization refers to people's taking in a value or regulation, and integration refers to the further transformation of that regulation" (Ryan & Deci, 2000, s.71). Processen beskrives som et kontinium fra ydre (extrinsic) kontrolleret motivation til integreret motivation, som Deci og Ryan mener er bredt dokumenteret i ad-færdsstudier (ibid, s.192, 193 – 196). (Se fig.1).

OIT fremstilles i et kontinuum over fire former: ekstern – introjiceret-identificeret - integreret motivation, men der er ikke tale om et udvik-lings-kontinium. Det vil sige, at det ikke kræves, at man gennemgår de enkelte stadier af internalisation, for at regulation skal blive inte-greret (ibid, s.199). Det skal i denne sammenhæng fremhæves, at ydre regulation i deres forståelse ikke kan blive fuldt transformeret til egentlig indre (intrinsic) motivation, da ydre regulation bibeholder sin instrumentale natur (ibid, s.197).

Fig. 1

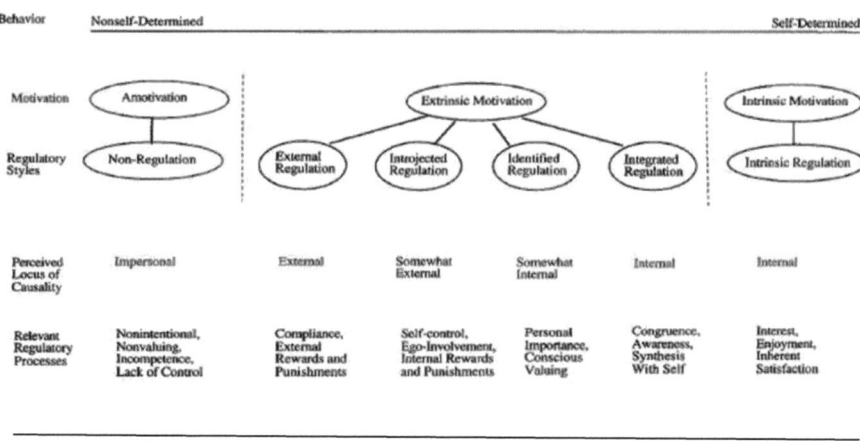

(Ryan & Deci, 2017, s.193)

Eksterns regulation defineres som oplevelser af, at man udfører in-
strumentel adfærd som følge af ydre legitimerede omstændigheder.
Man er motiveret og afhængig af ydre kontrollerede regulationer, så
som straf eller belønninger (Ryan & Deci, 2017, s.184-185). Denne
form for motivation kan have en negativ effekt på følelsen af auto-
nomi og oplevelser af identitet, også selvom man finder belønningen
behagelig, fordi den ikke vil være internaliseret og holdbar.

Introjiceret regulation involverer at indoptage regulationer eller vær-
dier, på en måde, så der kun finder delvis eller ukomplet transforma-
tion eller assimilation sted. Der er tale om en konformt legitimeret til-
skyndelse til at udføre adfærd, da man ellers vil føle angst, skam og
selvkritik. Det er en adfærd som ikke fuldt ud tager hensyn til egne
eksisterende værdier og mål (ibid, s. 187).

Identificeret regulation er defineret ved en bevidst anerkendelse af re-
gulationer, som opleves personligt legitime og vigtige for den enkelte.
Regulationerne er ikke baseret på ydre eller introjicerede regulationer
og efterleves mere frivilligt, uden at de dog nødvendigvis undersøges
i forhold til andre aspekter af ens identitet. (ibid, s.187- 188).

Integreret regulation er den mest autonome form for ydre motivation
og repræsenterer den højeste grad af internalisation. Det er en aktiv
proces, som typisk kræver selvrefleksion og reciprok assimilation, da

det indebærer kongruens af værdier eller regulation med andre aspekter af ens selv, identiteter og basale psykologiske behov (Ryan & Deci, 2017, s.188).

Stabile og udviklende organisationer kræver velintegrerede aktører, som udlever deres værdier og løser problemer frivilligt. "controlling or coercive organizations, cultures, and governments often fail to mobilize that kind of human capital". (Ryan & Deci, 2017, s. 101). Affektiv commitment korrelerer kraftigt med autonomistøttede former for motivation og tilsvarende mindre kraftigt med introjektion. Affektiv commitment korrelerer til gengæld slet ikke med ekstern regulation. (ibid, s.541)[16].

Ledelse og trivsel under forandring

Deci og Ryan mener, at vi har brug for anerkendelse og respekt om vores selvforståelse og identiteter under forandringer. Det er for dem helt afgørende for trivsel og motivation, hvordan sociale relationer og kulturelle forhold understøtter dette behov. Organisationer opnår

---

[16] SDT bygger her på McGregors beskrivelser af autonom motivation (Theory Y),som dog anvender andre begreber og som ikke er empirisk fremkommet. (Ryan & Deci, 2017, S. 535).

stabilitet og trivsel, når medarbejdere er velintegrerede, når de har muligheder for at udleve deres værdier og kan løse problemer frivilligt.

At udvikle en meningsfuld og passende identitet kræver ifølge Deci og Ryan understøttende uddannelsesinstitutioner og samfund. Ved forandringsprocesser er det ifølge Ryan og Deci væsentligt at sørge for tydelig og ærlig information vedrørende forandringen og at sikre medbestemmelse og valgmuligheder for organisationers personale i spørgsmål om implementering og praksis. Anerkendelse af personalets følelser i forbindelse med forandringen vil ligeledes øge muligheder for at personalet kan fungere med trivsel i forandringen. Ryan og Deci fremhæver det gavnlige i at medarbejdere oplever lydhørhed i forhold til deres behov og at de oplever, at deres bestræbelser og perspektiver anerkendes. Varetager ledere disse forhold vil det ifølge Ryan og Deci medføre en større autonom motivation og trivsel hos medarbejdere ift. deres arbejde og vil have en positiv effekt på dem, de interagerer med. Deci og Ryan fremhæver, at vi under forandringer har brug for social anerkendelse og respekt i forhold til håndtering af forskellige forventninger og regulationer og at kulturelle vilkår her er stærkt udslagsgivende for trivsel. (Ryan & Deci, 2017).

RICHARD SCOTT

Richard Scott er først og fremmest sociolog og en af the grand old men i organisationsbeskrivelser og kategoriseringer ud fra et sociologisk perspektiv. Med sine teorier om kulturelle og værdimæssige aspekters betydning, har han i mange år beskæftiget sig med foranderlige sociale systemers betydning for socialt liv i organisationer

Stabilitet og tryghed overfor uvished og forandring

Organisationers vilkår i de seneste mange årtier kan ifølge Scott bedst forstås ud fra det såkaldte åbne system perspektiv[17]. Det åbne system perspektiv betoner at organisationer er komplekse, foranderlige sociale systemer, som er stærkt afhængige, understøttet og påvirket af ressourcer fra deres omgivelser.[18] (Scott & Davis, 2014, s.32). Åbne systemer er endvidere både karakteriseret ved såkaldt løse koblinger mellem organisationers forskellige elementer. Det vil sige mellem individer og grupper, subenheder og den samlede organisation samt på

---

[17] Scott opdeler organisationsteori i tre perspektiver eller paradigmer: *Det rationelle, det naturlige* og *det åbne system.* (Scott & Davis, 2014, s. 32).

[18] Efter Paul Lawrence og Jay Lorsch såkaldte Contingency teori (Lawrence & Lorsch, 1967).

koblingen mellem formelle regler og handlinger der praktiseres (ibid, s.93). Åbne systemers kompleksitet og kontinuerlige organisatoriske tilpasninger giver ifølge Scott tilstande af usikkerhed og forvirring blandt aktører. Dette medfører forøgede opgaver med koordinering og problemer i forhold til konflikter mellem enheders forskellige aktører. (ibid, s.103).

Scott mener i lighed med Deci og Ryan, at vi som mennesker benytter kognitive selvregulerende mekanismer, hvor vi afvejer og regulerer stabilitet og forandring. Trivsel betinges ifølge Scott af, hvordan kompleksitet og forandring kan integreres og stabiliseres af disse mekanismer. Under stigende tilstande af forandringer opstår der ifølge Scott risici for angst og usikkerhed, hvor medarbejdere i organisationer bliver fremmedgjorte ift. deres arbejde og hvor de samtidigt ikke længere kan regne med at beholde deres job (Scott, 2003). Under forandringer genereres der ifølge Scott imidlertid også både vitalitet og kreativitet blandt medarbejdere. Der er her tale om modsatte bevægelser mellem nogle grundlæggende behov for basal tryghed ved rutiner og konformitet på den ene side og virkelyst og kreativitet på den anden side (Scott, 2014).

Scott opfatter det kognitivt selvregulerende aspekt som et korrektiv til en blind tro på socialiserende og diskursive aspekters betydning for socialt liv, hvor mennesker ifølge Scott ses som mere passivt efterlevende konforme forventninger fra sociale systemer (Scott, 2014, s.44)[19].

Institutioner

Scott er i sit forfatterskab imidlertid i højere grad optaget af, at mennesker under forandringer genererer stabile og ensartede rutiner eller det han kalder *institutioner*. Richard Scott har i mange år arbejdet med dette begreb, som han beskriver således:" Institutions comprise regulative, normative, and cultural-cognitive elements that, together with associated activities and ressources, provide stability and meaning to social life" (Scott, 2014, s.57). Institutioner er mentale tilstande og processer der selv undergår forandringer og som overføres mellem dele af organisationer og mellem organisationer ved aktørers interaktion (se også s.119).

Institutioner ses af Scott som både begrænsende og regulerende for adfærd, men tilbyder samtidigt en oplevelse af identitet, formål og legitimitet i organisationer. Begrebet *institutioner*, får Ifølge Scott betydning i forhold til skabelse af stabilitet og mening til socialt liv, hvis de som sociale strukturer har opnået en høj grad af stabilitet og

---

[19] Scott skriver her ud fra et post-positivist perspektiv.

permanens. På den måde kan de modvirke social forandring ved deres potentiale for stabilisering og meningsskabelse (ibid).

Scott har i sine antagelser her et socialkonstruktivistisk udgangspunkt, idet han anvender Berger & Luckmanns (1991) oprindelige forståelse af institutionalisering som processer af social konstruktion og idet han anvender begrebet i et Neo-institutionelt macrosperspektiv. Neo-institutionalisme har endvidere et særligt fokus på mening og legitimitet i relation til organisationers omgivelser[20] (Scott, 2014, s. 51-52). Det socialkonstruktivistiske perspektiv anvendes af Scott også baggrund af Meads (1967) betoning af symbolske og kulturelle aspekters betydning for det sociale, hvor kulturelle former antages at determinere mentale modeller (kollektive repræsentationer) (Scott, 2014, s.18)[21].

---

[20] Efter DiMaggio og Powels særlige feltteori (Scott, 2004, s.18)

[21] Mead skriver igen ud fra en tradition inspireret af Schutz (2005) og Gadarmer (2007). (Se også s.144)

Identitet og selvoplevelse overfor legitimitet og styring

Scott mener, at vi som mennesker gør os betydelige bestræbelser på aktivt at opfange, fortolke og skabe mening i det vi oplever og han forstår denne bestræbelse som kognitive psykologiske mekanismer af identitetsdannelse. Identitet handler for Scott om autentisk selv-udtryk, hvor vi fremstiller hvem vi er (Scott, 2014). Scott opererer også med organisatorisk identitet, som han forstår som udtryk for commitment til distinkte og centrale værdier, som deltagerne kan udvinde fortællinger og mening ud fra. Organisatoriske identiteter tjener ifølge Scott ofte til at differentiere medlemmerne fra andre organisationer og til at guide og prioritere handlinger. Organisatoriske identiteter antages bl.a. at skifte og forandres ved rekrutteringer af nyt personale i et mix af forsvar for bevarelse og udvikling af identitetslogikker.

Omgivelsers pres medfører ikke kun forandringer ved at stimulere til strukturelle omstruktureringer. Scott fremhæver at sådanne pres samtidigt også skaber medlemmernes sociale identiteter. Under kompleksitet skaber ledere og medarbejdere således sociale identiteter, der kan være virksomme og som kan udvikle sig til selvstændige sociale institutioner. Delte identitetspolitiske mål kan ifølge Scott herved omforme organisationers socialpolitiske mål, hvor deltagerne især bliver engagerede i fælles interesser af identiteter (ibid). Scott opererer her med identitets-baserede felter- som skaber identitets-logikker, som f.eks. kommer til udtryk i faglige professioner. Scott mener at særligt faglige professioner opretholder intern kontrol ved indbyggede rolle-systemer og identiteter, som de associerer med tilhørsforholdet til professionen (Scott, 2008).

Scott er her inspireret af Giddens (1991) sen-moderne teori om den individuelle identitets betydning for oplevelser af relationelle sam-menhænge og relationer til omverden (Scott, 2014, s. 93-94). Han er endvidere på linje med Giddens i spørgsmålet om betydningen af et iboende *selv,* og har her, og i andre sammenhænge, et mere positiv-stisk ontologisk udgangspunkt. Det er hans epistemologiske opfat-telse, at viden især dannes ved empiriske studier af data.

Scott er meget optaget af begrebet legitimitet, som han definerer som "a generalized perception or assumption that the actions of an entity are desirable, proper or appropriate within some socially constructed system of norms, values, beliefs, and definitions" (Scott, 2014, s.71). (efter Sucman). Legitimitet retfærdiggør institutionel orden og vigtig-heden af legitimitet bliver øjeblikkelig og smertefuldt tydeligt, når det er tabt (ibid, s.71). Scott mener, at opretholdelsen af legitimitet betin-ges og begrænses ved antallet af forskellige autoriteter og rationaler der styrer i organisationen og af diversiteten i deres virkemåder.

Institutionelle søjler

Scotts forståelse af legitimitet knytter sig til hans tanker om de tre institutionelle former (søjler) i organisationer: *Den regulative, den normative og den kulturelle-kognitive søjle* (Se fig. 2). Scott betegner disse søjler, som "the vital ingredient of institutions. The three elements form a continium moving from the conscious to the unconscious, from the legally enforced to the taken for granted" (Scott, 2014, s. 59). Hver søjle repræsenterer en distinkt basis af logik og indikatorer, hvorved aktører kan opnå legitimitet og stabilitet.

Ved den regulative søjle opnås legitimitet ved efterlevelse af såkaldt *koesive* regler og procedurer, hvor der forventes en forudsigelig og instrumentel adfærd, som kan udløse belønning eller straf (ibid, s.61-62). Af professioner, som særligt kan associeres med den regulative søjle kan nævnes ansatte i militæret og politiet, juridisk personale samt administrative ledere (Scott, 2008, s.226). Aktører i professioner, som særligt kan associeres med den regulative søjle mener at besidde specialiseret ekspertise, med en legitimeret adgang til koesiv magt, som indbefatter kontrol med økonomiske ressourcer og midler og endog indespærring (ibid, s.226). Divergerende institutionaliserede eksterne koesive pres på macroniveau opleves som identitetskonflikter, som kan udløse frygt og skyld (ibid, s.64).

Three Pillars of Institutions

	Regulative	Normative	Cultural-cognitive
Basis of compliance	Expedience	Social obligation	Take-for-grantedness Shared under-standing
Basis of order	Regulative rules	Binding Expecta-tions	Constitutive Schema
Mechanisms	Coercive	Normative	Mimetic
Logic	instrumentally	Appropriateness	Orthodoxy
Indicators	Rules	Certifications	Common beliefs
	Laws	Accreditation	Shared logic of action
	Sanctions		
Basis of legitimacy	Legally sanctioned	Morally governed	Comprehensible Recognisable Culturally sup-ported

(Scott, 2014, s.60)

Den normative søjle virker i kraft af normative moralske forventnin-ger, som både begrænser og muliggør social handling (Scott, 2014, s.64). Legitimitet opnås ved moralsk styring af normer og værdier ak-tører imellem, som kan have forskellig udformning for forskellige personalegrupper og positioner (ibid, s.74). Ud fra forestillinger om "a logic of appropriateness" har nogle positioner og grupper formelt konstruerede pligter, rettigheder og mandat (ibid, s.65). Ved konform efterlevelse af normative institutioner udløses følelser af respekt og ære, men ved udfordring af samme kan der opstå følelser af skam el-ler unåde (ibid, s.66). Normative agenter argumenterer ud fra hvad de opfatter som værende bedst for menneskeheden. De anvender bløde regler, standarder snarere end hårde strukturer med indbyggede

123

sanktioner (Scott, 2008, s.226). Disse professionelle kan være teologer, etikere eller filosoffer af profession, som opretholder intern kontrol gennem indbyggede rollesystemer og identiteter associeret med tilhørsforholdet til professionen (ibid, s.225).

Den kulturelle-kognitive søjle virker ved internaliserede symbolske og socialt konstruerede repræsentationer af verden (Scott, 2014, s.67). Den kulturelle-kognitive søjle ses som det væsentligste og dybeste institutionelle niveau, da det er funderet på "preconscious, taken-for-granted understandings (Scott, 2014, s.74). Det er semiotiske facetter af kultur, som fremkommer ved delte subjektive fortolkninger som respons på eksterne pres og vilkår (ibid, s.68). Medierede forståelser opretholdes og forandres, i processen med at skabe mening i kontinuerlige strømme af hændelser (ibid, s.67).

Det åbne systemperspektiv fremhæver her organisationer som særligt indlejret i elementer fra den kulturelle-kognitive søjle og antager, at "Organizations swim in this cultural soup and continuously adopt and adapt these templates intendedly and inadvertently" (Scott & Davis, 2014, s.31).

I den kulturelle-kognitive søjle trækker aktører legitimitet fra ortodokse og konforme definitioner af professionelle idéer. Ved forandringer, herunder social disorganisation, opstår der ofte splittelse i forhold til de kulturelle konstruktioner (Scott, 2014, s.68) , hvilket kan medføre affektive tilstande af både tiltro, tillid, forvirring og diffussitet (ibid, s.70). De som afviger fra hvad der tages for givet "are regarded as, at best, clueless or, at worst, crazy" (Scott, 2014, s.70). Kulturelle-kognitive professioner kan f.eks. være sociologer, psykologer ansatte ved hospitaler og institutioner. Det primære magtmiddel er idéer, som disse aktører definerer, kategoriserer og generaliserer virkeligheden ud fra (Scott, 2008, s. 224), men som ifølge Scott bredt set må opfattes som sociale konstruktioner af idéer. Kulturelle agenter udviser f.eks. kulturel autoritet, der er baseret på afhængigheden af klientgrupper, hvor autoritet opretholdes ved delte antagelser om, hvordan klientgruppers problemer løses (Scott, 2008, s. 225).

Konkurrerende institutionelle logikker

Institutionelle logikker er associeret med forskellige kontrolstrukturer og beslutningssystemer (Scott, 2008, s.232). Institutionelle former indeholder kombinationer af alle tre søjler. Når forskellige institutionaliserede aspekter og styringsmekanismer fra de tre søjler er koordinerede, fremtræder organisationer stærke og stabile. Ved komplekse og ustabile forhold udviser aktører "both confusion and conflict, and provide conditions that are higly likely to give rise to institutional change" (Scott, 2014, s.71). Dette skyldes, at konformitet i forhold til et bestemt styringstiltag kan underminere den normative understøttelse til andre styringstiltag, hvilket vanskeliggør handling. Oplevelser af legitimitet i organisationer er, som tidligere nævnt, generelt negativt påvirket ud fra antallet af forskellige autoriteter og af diversiteten og inkonsistensen i deres virkemåder (ibid, s. 73).

Det er almindeligt, at der under konkurrerende og inkonsistente autoritetssystemer mobiliseres subgrupper, der betoner forskellige interesser og værdier (ibid, s.73). Der er i sådanne tilfælde sket et skifte fra en "the social trusteeship" model til en teknisk ekspertise-model eller et servicekoncept. Det repræsenterer et vigtigt skifte i legitimitets-valutaen for professionelle. Tidligere individuel autonomi og kollegial kontrol bliver erstattet af mere hierarki og ledelseskontrol (ibid, s.232-234).

Ledelse og trivsel under forandring

Jo mere varieret omgivelserne er, jo mere varieret og differentieret må organisationers interne strukturer ifølge Scott være integreret for at kunne håndtere flertydighed, kompleksitet og hurtige forandringer. Dette medfører, som nævnt, forøgede opgaver med koordinering og problemer med konflikter mellem enheders forskellige medlemmer, som igen kræver større ledelsesopmærksomhed (Scott & Davis, 2014).

Det er nødvendigt med en vis koordinering af de institutionelle rationaler. Under komplekse vilkår og forandring, bliver individer, grupper eller organisationer ifølge Scott konfronteret med konkurrerende og konfliktende styringstiltag, som repræsenterer forskellige autoriteter og rationaler. Scott fremhæver, at dette udfordrer deltagernes oplevelser af legitimitet (Scott, 2014).

Det er ifølge Scott vigtigt ikke at forfalde til rigiditet og overkonformitet, da dette vil forhindre organisationens nødvendige udvikling. Han mener, at det er nødvendigt med løbende ændringer af kultur og struktur i bestræbelserne på tilpasning til de organisatoriske omgivelser (Scott, 2003). Hvis man vil ændre rigide og forandringsfremmede miljøer, er det nødvendigt at ændre de grundlæggende strukturer og kulturelle definitioner der kan forstærke deltagernes selvforståelse mv. De fleste organisationer forstærker og underbygger og belønner en opadgående adfærd. Det er nødvendigt at supplere dette pres med mekanismer, der kan opmuntre til uafhængige refleksioner og mere ansvarlige handlinger. Dette indebærer fladere hierarki, deltagersty- rede beslutningsprocesser i åbne former som f.eks. brainstorming samt mangfoldige kommunikationskanaler (Scott, 2003).

KARL E. WEICK

Den amerikanske organisationspsykolog Karl E. Weick har introduceret teorien om *Sensemaking(meningsskabelse),* som han har udviklet gennem årtier. Weick har også haft stor indflydelse på teorier om betydningen af de såkaldt løse koblinger i organisationer, som også Scott har beskæftiget sig med.

Stabilitet og tryghed overfor uvished og forandring

Vi lever ifølge Weick i en tidsalder af kompleksitet, uvished og flertydighed, som medfører et grundvilkår af ustabilitet. Weick er som Deci og Ryan samt Scott inspireret af neuropsykologiske og kognitive teorier. Han mener, at vi har kognitive mekanismer, der beskytter imod kompleksitet og forvirring, men som let kan overvældes ved forandringer. Weick mener imidlertid, at det drejer sig om hjerneprocesser, der nedsætter kapaciteten for at absorbere information og kompleksitet alt efter graden af kompleksitet og forandring (Weick, 1995). Hans kognitive og neuropsykologiske tilgang er den tidligste i hans forfatterskab og kan indimellem fremstå divergerende ift. senere tilkendegivelser. Weicks forfatterskab rummer et positivistisk perspektiv, et socialkonstruktivistisk perspektiv, men tager især afsæt i et pragmatisk orienteret perspektiv.

Brud og chok

Når organiseret adfærd, planer og processer afbrydes uventet, oplever medarbejdere en form for chok, der kommer til udtryk som utilfredshed, vrede og frustration (ibid, s.84). Dette er særligt udtalt ved flertydighed (ambiguity), men også ved uvished, omend chokket her opleves forskelligt. "In the case of ambiguity, people engage in sensemaking because they are confused by to many interpretations, whereas in the case of uncertainty, they do so because they are ignorant of any interpretations." (Weick, 1995, s.91). En afbrydelse i et flow er et signal om at der er sket vigtige forandringer i omgivelserne, der influerer sensemaking. (ibid, s.46). I disse situationer, prøver vi at skabe mening i situationen. Jo længere dette tager, jo stærkere genereres følelser. Tidligere begivenheder rekonstrueres som forklaringer i nuet. Ikke fordi de objektivt har ligheder med det aktuelle, men fordi de føles ligesådan. (Weick, 1995, s.47-48).

Weick ser afgørende afbrydelser (brud) i processer, sekvenser, planer mv., som begivenheder, der udløser aktivitet i individers autonome nervesystem. Alt efter intensiteten af arousal minimerer hjerneprocesserne i nervesystemet kapaciteten for at absorbere information og kompleksitet i processer og handlinger (Weick, 1995, s.101). Opmærksomheden drages da ifølge Weick mod centrale intra- og interpsykologiske forhold og væk fra det perifere og kontekstuelle, hvilket for Weick ellers udgør centrale aspekter for meningsskabelse (ibid, s.104). Weick ser behovet for stabilisering i relation til oplevelser af forvirring over mange fortolkningsmuligheder i organisationer. En oplevelse han mener skaber angst og dissonans af mening samt tilstande af uvished. Ved stigende turbulens vil sensemaking processer have en tendens til at blive mere idiosynkratiske og ideologiske (ibid, s.88). Brud medfører ifølge Weick ofte øget rutinering, kontrol og automatisering (Weick, 1995, s. 101). Ved høj arousal, gennemfører mennesker komplekse rutiner igen og igen, for at gøre opgaverne simplere og for at beskytte sig mod manglende ledetråde af effektivitet. Høj arousal beslaglægger opmærksomheden, som igen reducerer ledetråde. Hvis arousel fortsætter og ikke kan håndteres, bryder det ind i kognitive processer, der fører til eskalering af kognitiv ineffektivitet og tilstande af stress (ibid, s.101-102).

Weick mener, som Scott, at rutiner og meninger i organisationer med tiden bliver fikseret i organisatorisk kultur, hvor sandheder bliver taget for givet. Weick er imidlertid ikke optaget af institutionalisering i samme grad som Scott. For Weick er spørgsmålet om balancen imellem tryghed og udvikling især et spørgsmål om, hvorvidt man oplever mening og overensstemmelse i de sociale og organisatoriske elementer, man er en del af. Det er for Weick processer af sensemaking (meningsskabelse) der skaber tryghed, virkelyst og trivsel. Derfor bliver ledere og medarbejderes evne til sensemaking meget vigtig.

Sensemaking opnås på to måder. Dels ved hyppig meningsudveksling og debat og dels ved at igangsætte handling, der retrospektivt kan konstrueres mening omkring. I organisationer er anledninger til sensemaking f.eks. nedskæringer og reorganiseringer mv. Under processer af sensemaking kan man ved samtaler og åbne mødeformer dele og opretholde meninger, hvilket også forhindrer den fornægtelse, som ellers kan optræde ved stresstilstande (Weick, 1995).

Weick fremhæver her, som i andre sammenhænge, kommunikative interaktioners betydning og at intersubjektive meninger kan deles, medieres og opretholdes (Weick, 1995, s.39). Processer af sensemaking forbinder det intersubjektive med det generisk subjektive (ibid, s.75). Ledere har her en vigtig rolle som "a conversational author , able to argue persuasively for a landscape of next possible actions" (Weick, 1995, s.41).

Weick er især inspireret af Mead (1967). Weick betegner begrebet symbolsk interaktionalisme, som den uofficielle teori om sensemaking, idet dens elementer om interaktion, fortolkning, mening og fælles handling er afgørende for denne (Weick, 1995, s.41). Han er dermed også inspireret af Clifford Geertz (1973), som forstår kultur, som socialt etablerede strukturer af mening, som mennesker selv har skabt og Weick har i denne henseende et socialkonstruktivistisk epistemologisk udgangspunkt. (se også s.119-121)

Identitet og selvoplevelse overfor legitimitet og styring

Et helt centralt element i teorien om sensemaking er etableringen af og vedligeholdelse af identitet og en konsistent selvopfattelse. Vi har i følge Weick multible identiteter og fremtræder derfor i forskellige former. Af den grund repræsenterer identitet samtidigt organisationers sociale adfærd, hvor den sociale kontekst af normer, forventninger og forklaringer mv. er afgørende (Weick, 1995).

Identitet konstrueres i det enkelte individ, men redefineres ifølge Weick kontinuerligt. For ham er det centralt, at vi som mennesker simultant forsøger at formgive og reagere på de omgivelser, vi er en del af, ved komplekse sociale interaktive processer af proaktion og reaktion og at oplevelser af identitet og selvopfattelser bliver konstrueret ved disse processer (Weick, 1995, s.23). Man lærer sin identitet at kende ved at projicere disse former ud i omgivelserne og iagttage konsekvenserne. Jo flere identiteter vi har adgang til, jo mere mening kan vi ifølge Weick udvinde fra en hvilken som helst situation (ibid, s.24). Identitetskonstruktioner skabes endvidere ved retrospektiv meningsskabelse over ledetråde fra vores handling.

Når vi bliver overvældet af muligheder, og må håndtere tvivl, kan multiple identiteter give problemer i forhold til at opretholde en konsistent følelse af et sammenhængende selv. Som Weick ser det, er dette dog, ikke tilfældet, hvis fleksibilitet, flerhed og adoption udgør centrale elementer i samme selvopfattelse (ibid, s.24). Weick skelner i øvrigt ikke tydeligt imellem identitet, selv eller selvopfattelse, som af Weick under alle omstændigheder ses som sproglige resultater af sociale konstruktioner (ibid).

Når negative følelser og forestillinger truer oplevelser af identiteter og selvopfattelse, giver det anledning til sensemaking (Weick, 1995, s.45). Weick betoner, med inspiration fra dissonansteori, at det ofte er en kognitiv diskrepans der bliver anledningen til sensemaking (ibid, s.12).

Enactment og ledetråde

Et kerneelement i sensemaking er betydningen af at gøre og handle. Weick anvender begrebet *enactment*, som fremhæver konkret handling, frem for at skabe forestillinger og visioner, såkaldt *enthinkment*. I organisationer medfører dette at man skal *konfrontere* aktiviteter og begivenheder uden at man på forhånd vurderer, hvordan der skal handles på dem. Weick har her et tydeligt pragmatisk udgangspunkt. At konfrontere medfører muligheden for at integrere, som metode i mødet med forandring. Herved kombineres handling med det retrospektive og sensemaking med det fortolkende, som igen bortleder fra destruktive forestillinger af modstand (Weick, 1995, s.34). Mening konstrueres retrospektivt i intentionelle processer ud fra bagudrettede oplevelser af effekter og respons. Inspirationskilden er her etnometodologi og denne videnskabs tilbageskuende perspektiv (ibid, 1995, s.13).

Ved sensemaking skal mange mulige meninger syntetiseres. Handling og disses plausible stimuli kan først defineres og objektiviseres, efter at respons har indtruffet. (ibid, s.27) og "The choice of the stimulus affects the choice of what the action means" (Weick, 1995, s.26). [22] Da fornemmelsen af mening er målet, ophører den retrospektive

---

[22] Inspirationen er her Follets tanker om betoningen af relationer så som årsagvirkning, stimulus-respons, frem for betoningen af resultater (Weick, 1995, s.32).

proces, så snart en sådan er opnået (ibid, s.29). Sensemaking er ikke fortolkning.

For at forstå sensemaking må man være opmærksom på de måder, hvor mennesker udvælger begivenheder og spor ud af kontinuerlige strømme af processer (flows) (ibid, s.43). Processer af sensemaking konstrueres ud fra ledetråde eller spor,(cues), som enactment efterlader (Weick, 1995, s.36 & s. 50).

Commitment betinges ved fortolkninger, der fokuserer på at forklare adfærd, som mennesker er ansvarlige for (ibid, s.135). Den centrale idé er, at vi i højere grad forsøger at skabe mening omkring de handlinger vi selv vælger og er mest engagerede i (ibid, s.156). Meningen antages at blive konstrueret ud fra principper om plausibilitet og pragmatisme, idet vi ikke kan opnå objektiv viden om hændelser. "accuracy is meaningless when used to describe a filtered sense of the present, linked with a reconstruction of the past, that has been edited in hindsight" (Weick, 1995, s.57). Vi har brug for noget, der er plausibelt, sandsynligt og huskeværdigt og som medtager fortidige erfaringer og forventninger (ibid, s. 61). Ved svære tilstande af forvirring og flertydighed er der tendenser til, at opmærksomheden samles om intra- og interpsykologiske forhold snarere end kontekstuelle sammenhænge, hvorved muligheder for sensemaking svækkes. (Weick, 1995, s. 102).

Ledelse og trivsel under forandring

Weick betoner betydningen af moderne organisationers strukturerin-
ger efter det åbne systemperspektiv, som Scott har beskrevet det, og
den utryghed, uvished og ustabilitet, som dette kan indebære (Weick,
2001, s. 384) (se s.98). Sådanne tilstande lægger et øget pres på med-
lemmerne for at konstruere eller forhandle en form for social virke-
lighed de kan eksistere i. (Weick, 1976. s.13).

Ledelse i organisationer består under disse vilkår især af at etablere
sådanne processer, hvorfra en følelse af organisering, mening og ret-
ning kan udgå. Som tidligere nævnt er et kerneelement i sensemaking
at gøre og handle samt retrospektivt, at skabe mening i denne hand-
ling. Ved mistrivsel og konflikt, må man i bestræbelser på at se sam-
menhænge og mening rette opmærksomheden mod de spor, som blev
skabt af vores handlinger. Ledere skal her sikre, at multible spor kon-
strueres og genererer mening gennem face-to-face diskussioner, debat
og handling (enactment). Meningsskabelse skal produceres ud fra
hensynet til det pragmatiske, sandsynlige og plausible på baggrund af
fortidige erfaringer.

Løst koblede systemer

Carl Weick beskriver, i lighed med Scott, komplekse og foranderlige organisationer som værende karakteriseret af såkaldt løse koblinger mellem organisationers forskellige elementer. Weick er optaget af, hvordan organisationer kan respondere på forskellige modsætninger gennem en bevidst brug af buffermekanismer. Han mener, at ceremoniel conformitet kan opretholdes ved at organisationer mere bevidst og intentionelt etablerer løse koblinger og dekoblinger mellem strukturer, enheder, beslutninger og handlinger i ønskede dele. Weick bygger her på Meyer og Rowan (1977), som introducerede denne problematik (Weick, 1990, s.207-208).

En bevidst brug af løse koblinger giver ifølge Weick muligheder for at aktører kan fungere under trivsel i dele af det organisatoriske liv. (ibid, s.215). Enheder og elementer kan ved at dekobles, eksperimentere mere frit og variabelt, uden at påvirke den øvrige organisations personale. Dette skaber ifølge Weick en tilstand af psykologisk sikkerhed og tryghed i organisationen, hvor eksperimenter er beskyttede (Weick, 1990).

Weick ser ikke nødvendigvis en tydelig sammenhæng mellem graden af organisationers interne variation og problemer med konflikter mellem enheders forskellige aktører, som ellers er fremhævet af bl.a. Lawrence og Lorsch (1967). Et løst koblet system er efter Weicks mening ikke umiddelbart et sårbart system. Løse elementer kan

endda modvirke konflikter og mistrivsel, fordi disse enheders perso-
nale ikke behøver at være enige eller at adoptere til hinanden. Fælles
og delte værdier, identitet og mening kompenserer for løse koblinger
og konstituerer den tilbageværende base, hvor enigheden om vilkår
og betingelser måske er den eneste kilde til orden der er tilbage
(Weick, 1990).

SAMMENHÆNGE OG FORSKELLE HOS FORFATTERNE

Stabilitet og tryghed overfor uvished og forandring

Kognitive og biologiske mekanismer

Såvel Deci og Ryan, Scott som Weick er optaget af, betydningen af, at vi lever under betydelig kompleksitet og flertydighed i organisationer, og at dette kan give mistrivsel i form af usikkerhed, forvirring og angst. Denne sammenhæng begrunder de til dels med kognitive og biologiske og mekanismer, relateret til nogle generelle behov for stabilitet og tryghed. Samtidigt ser de dog også, at sociale og kulturelle vilkår er essentielle og afgørende for, hvor effektivt disse kognitive mekanismer fungerer.

Deci og Ryan samt Scott mener, at trivsel afhænger af, hvordan kompleksitet og forandring kan integreres og stabiliseres af menneskets selvorganiserende og iboende selv gennem kognitive mekanismer. Integration og selvorganisering betinges af, om forandringer virker understøttende i forhold til selvet, idet kompleksitet og forandring kan medføre angst og usikkerhed, når disse processer ikke lykkes. Deci og Ryan samt Scott anvender her en biologisk tænkning om organismer som komplekse strukturer af uafhængige elementer, som er determineret af deres funktion som helhed. Scott opfatter, som tidligere nævnt, det kognitivt selvregulerende aspekt som et korrektiv til en blind tro på socialiserende og diskursive aspekters betydning for socialt liv. En tro, hvor mennesker ifølge Scott ses som mere passivt efterlevende konforme forventninger fra sociale systemer (Scott, 2014, s.44).

Weick ser større eller pludselige forandringer som tilstande, der udløser oplevelser af forvirring over mange fortolkningsmuligheder i organisationer, hvilket han mener skaber angst og dissonans af mening samt tilstande af uvished. (ibid, s.88). Han ser vores evne til at håndtere ustabilitet relateret til hjerneprocesser i vores autonome nervesystem, der alt efter graden af kompleksitet og forandring kan nedsætte kapaciteten for at absorbere information og kompleksitet. (Weick, 1995, s.101).

Sociale institutioner

Med udgangspunkt i socialkonstruktivististiske perspektiver, opfatter Scott og Weick imidlertid især spørgsmålet om stabilitet som betinget af socialt konstruerede institutioner. De betragter begge sociale institutioner, som modvægt til angst og usikkerhed.

Scott begrunder balancen imellem tryghed og virkelyst ud fra betydningen af konfliktende elementer fra forskellige institutionelle søjler. Hans anvendelse af institutionalisering anvendes generelt i den neoinstitutionelle tradition i en teoretisk emergeret form, hvor omgivelsers forventninger er meget fremherskende.

Selvom Weick ikke er optaget af institutionalisering i samme grad som Scott, mener han, at det er institutionalisering og transmissionen af institutionaliserings produkter, der forbinder teorien om sensemaking med institutionel teori. (Weick, 1995, s.36).

Socialt konstrueret kultur

Da forestillinger om socialt konstrueret kultur har en fremtrædende rolle i både Scott og Weicks teorier, skal dette nu beskrives lidt nærmere.

Scott og Weick er stærkt inspirerede af den amerikanske filosof, sociolog og psykolog Herbert Mead (1967), som mener, at vores selv skal forstås socialt, i den betydning, at selvet er skabt og indlejret i det sociale via processer af *internalisering,* hvilket er et begreb, Mead introducerede. Adfærd og specifikke situationer forstås som en proces, hvor deltagerne i en sproglig og symbolsk interaktion forhandler, hvordan situationer skal opfattes (symbolsk interaktionisme). Vi ser os selv og vores handlinger via den såkaldt *generaliserede anden*, som vi forestiller os dem i specifikke situationer. Vi indikerer derved en mening, som påvirker og fører til respons hos personer, som påvirker kommunikationen og gennem internalisering udvikler den generaliserede anden. Disse processer *emergerer* og udvikler det fælles.

Såvel Scott som Weick anvender generelt en symbolsk fortolkende kulturforståelse, som ud over Mead også refererer til Clifford Geertz. Geertz proklamerede oprindeligt, at "man is a social animal suspended in webs of significance he himself has spun" (Geertz, 1973, s.12). Scott beskriver hvordan kulturen kan forstås som disse net (Scott, 2014, s.45).

Mead er igen stærkt influeret af Schutz's (1973) fænomenologiske perspektiv, som fremhæver, at vi er til stede i en fælles, intersubjektiv, kulturel verden. Schutz var især er optaget af begreberne mening og rationalitet. Et grundbegreb hos Schutz er således common sense-verdenen, (afledt af Husserls begreb livsverden), som består af typifikationer af bl.a. handlinger, ting, mennesker mv. der får status af noget, der er taget for givet.

Den enkeltes livsverden har i en symbolsk fortolkende kulturforståelse fragmenter af en fælles intersubjektiv fællesmængde med de medmennesker, som vi indgår relationer med. Gadamer, som også danner grundlag for denne tradition, har i denne forbindelse fremhæ-vet, at vi anvender for- forståelser til at skabe en mening om det vi ser, og til at forstå det, vi står overfor (Gadamer, 2007, s. 255). "Prej-udices are biases of our openness to the world, and they are simply conditions whereby we experience something." (Gadamer, 2008, s. 8)."Intersubjektivitet er det konstituerede i livsverden, som er fælles for mange individer" Gadamer (2007, s. 236).

Organisationsstruktur

Scott og Weick er også på linje med hinanden i deres betoning af be-tydningen af moderne organisationers struktureringer efter det åbne systemperspektiv og den utryghed, uvished og ustabilitet, som dette kan indebære. Organisationer må ifølge Scott tilpasse løst koblede elementer i en balance, sådan at der på den ene side ikke opstår for meget usikkerhed og utryghed, men at der på den anden side heller ikke opstår rigiditet, der modvirker udvikling. Weick mener at måden dette kan realiseres på er at arbejde bevidst med løse koblinger. Dette kan gøres ved at dekoble enheder og elementer, som da kan eksperi-mentere mere frit og variabelt, uden at påvirke den øvrige organisati-ons personale. Denne tilgang skaber ifølge Weick en tilstand af psy-kologisk sikkerhed og tryghed i organisationen, fordi dekobling kan reducere oplevelser af uvished og destabilisering.

For Weick er spørgsmålet om balancen imellem tryghed og udvikling et spørgsmål om, hvorvidt aktører oplever mening og overensstemmelse i de sociale og organisatoriske elementer, de er en del af. Det er for Weick processer af meningsskabelse, der skaber tryghed, virkelyst og trivsel. Mening opnås netop dels ved meningsudveksling og debatter og dels ved at igangsætte handling, der retrospektivt kan konstrueres mening omkring.

Weick fremhæver handling og eksperimentering i hans forståelse af hvordan normative, kulturelle pres og regulationer påvirkes og forandres i organisationer. Meningskonstruktion er for ham aktiv handlen på micro-niveau, hvor Scott, Deci og Ryan i højere grad betragter sociale dynamikker som forårsaget af mere passive og diffuse mekanismer.

Identitet og selvforståelse

Deci og Ryan, Scott samt Weick lægger alle vægt på, at vi som mennesker har mange identiteter og fremtrædelsesformer, som skifter fra tid til anden.

Deci og Ryan samt Scott opfatter det sådan, at identiteter etableres gennem interaktioner mellem sociale erfaringer og internaliseringer. De antager, at vi via vores kognitive mekanismer af selvregulering, skaber mening i vores selvfremstillinger i interaktion med sociale og kulturelle omgivelser. Begrebet selv og selvregulering, spiller altså også en rolle i forhold til begrebet identitet.

Deci og Ryan samt Scott er inspireret af den britiske sociolog Antony Giddens (1991) opfattelse af identitetsbegrebet. Giddens har beskrevet, hvordan det moderne menneskes identitet eller selvidentitet, ikke længere er noget givet og at vi som individer kontinuerligt må træffe vigtige livsstilsvalg og må besidde *institutional reflexivity*. Dette vilkår kan ifølge Giddens medføre stor usikkerhed angst og tvivl, idet vi er underlagt modsatrettede bevægelser mellem behovet for "basic trust"[23] , rutiner og konformitet på den ene side og trang til udvikling og kreativitet på den anden side. Giddens referer her direkte til Kierkegaards beskrivelser af sammenhænge imellem angst, frihed og eksistens[24].

---

[23] Som Winnicott forstår det (Giddens, 1991, s.38)

[24] Måske særligt aspekter omkring *etikeren*. Angst og frihed er for Kierkegaard to sider af samme sag (Malantschuk, G., 1971, s.73).

Vi har ifølge Giddens mange selv som præsenteres ift. forskellige for-
ventninger i forskellige sammenhænge[25]. Identitetsdannelsen er en
varig livsbetingelse for det senmoderne menneske, men identitetskon-
flikter kan undgås ved den enkeltes aktive og vedvarende stillingta-
gen til og opretholdelse af "the Narrative of the self".

Weick anvender i modsætning til de andre forfattere ikke selvregule-
rings teori og er heller ikke inspireret af Giddens. Han anerkender be-
grebet identitet, men betragter vores mange identiteter som resultatet
af projektive processer i socialt og diskursivt konstruerede sociale in-
teraktioner. Weick er til gengæld, i lighed med Scott, inspireret af so-
ciologen Erving Goffman (2005) i spørgsmål om identiteter og for-
ventninger. Goffmann påpeger, ligeledes under indflydelse af Mead,
at identiteter *forhandles*, i de sociale sammenhænge vi er en del af.
Som aktører i organisationer repræsenterer vi såvel selvoplevet identi-
tet som social og organisatorisk identitet. Vi spiller forskellige soci-
ale roller, som i et teater hvor vi viser forskellige sider af os selv. Vi
har både intentioner om at styre andres indtryk af os og at leve op til
deres forventninger. Herved forhandler vi regler og normer i forskel-
lige sammenhænge, i bestræbelser på at opretholde social orden.

---

[25] Med reference til Goffmann (Ibid, s.190)

Deci og Ryan opererer slet ikke med et diskursivt niveau, som ellers er så centralt for både Scott og Weick, men mener i stedet, at identiteter først og fremmest dannes og opdages med henblik på behovsdannelse.

Legitimitet og styring

Kontinuum af ejerskab

Mekanismerne omkring oplevelser af identitet og selvforståelse står hos alle forfattere i et spændingsforhold til oplevelser af, hvad eksterne forventninger og regulationer legitimerer som passende. De er optaget af, at, det generelt kan være vanskeligt at afbalancere oplevelser af identitet med, hvad der vurderes legitimt og at dette bliver særligt udtalt under forandringer.

Deci og Ryan betoner, hvordan omgivelsers forventninger og regulationer både kan fremme basale behov og oplevelser af identitet, og selvforståelse samt modvirke samme. Eksterne forventninger og regulationer kan på forskellig måde opnå indre legitimitet i et kontinuum fra ekstern til integreret motivation. Scott beskriver ligeledes, hvordan der kan opstå konfliktende rationaler imellem bevidste legitimerede regler, moral og værdier samt identitetsbaserede og ubevidste kulturelle rutiner og referencerammer i et kontinuum. Scott har her særligt interesseret sig for hvordan opretholdelse af sociale institutioner kan lede til tilstande, hvor faglige professionelles værdier, normer og kultur bliver det, der legitimerer aktørers handlinger i organisationer.

Deci og Ryan samt Scott relaterer alle tre deres antagelser om et kontinuum til et perspektiv om selvorganisation. Deci og Ryans kategorisering af indregørelse formuleres som regulationer i forskellige stadier af ejerskab. Scott er derimod, som i andre spørgsmål, mere optaget af hvordan diskursive og kulturelle mekanismer danner de forskellige institutionelle søjler, som skal afvejes med identitetsoplevelser.

Weick mener, at det der især legitimerer i organisationer er ansvar, muligheder, belønninger og sanktioner, svarende til Scotts regulative søjle. I hans forståelse varierer og ændres disse forhold kontinuerligt under forandringer og flertydighed, hvilket fører til rutinering og aktiviteter med tidligere anerkendte opgaver. Weick betoner i den sammenhæng, at vi kan overvældes af mange identiteter, hvis denne grundpræmis om fleksibilitet og forandring ikke er internaliseret som en accepteret selvforståelse hos den enkelte.

VIDENSKABSTEORETISKE BETRAGTNINGER

Kritisk realisme

Jeg har i denne bog forsøgt at fremhæve nogle generelle mekanismer bag de psykologiske og sociale tilstande, som jeg mener optræder i organisationer under forandring. Troen på, at sådanne mekanismer vil kunne identificeres, afspejler mit videnskabsteoretiske udgangspunkt, som er kritisk realisme. I dette perspektiv antages det muligt at uddrage og finde generiske mønstre i den måde biologi og hjerneprocesser hos mennesket fungerer på. Vi kan forsøge at opstille teorier og videnskabelige lovmæssigheder om disse mekanismer, som har betydning for vores individuelle og sociale liv, men teorier vil altid skulle forstås som sociale konstruktioner. Det er endvidere en grundlæggende antagelse, at teorier altid er meget forsimplede og fejlbarlige.

Kritisk realisme indebærer en ontologisk antagelse om, at der findes en virkelighed, der eksisterer uafhængig af vores viden, erfaring og bevidsthed om den, men at vi kan opnå viden om denne virkelighed (Andersen, 2007, s.14).

Den engelske filosof Roy Bhaskar udviklede i 1970 i første omgang et radikalt alternativ til, hvad han opfattede som positivismens naive og reduktionistiske objektivitet. Med udgivelsen: "A Realist Theory of Science" beskrev han herefter en videnskabsteoretisk position i opposition til såvel positivismen og radikal socialkonstruktivistisk relativisme. En position han videreudviklede med "The Possibility of Naturalism" i 1979 (Danermark, Ekström, Jacobsen & Karlsson, 2003, s.19). Kritisk realisme[26]indebærer grundlæggende et metateoretisk projekt, som forsøger at undgå Descartes enten/eller dikotomi mellem fundamentalistisk absolutisme og kaotisk relativisme (Johnson & Duberley, 2000, s. 149). Kritisk realisme konstitueres i udgangspunktet ved begreberne den *intransive* og den *transitive* dimension (Danermark et. al, 2003, s.20).

Den intransive dimension:

Den intransive dimension betegner kritisk realismes ontologi og dermed ovenstående idé om en objektivt eksisterende virkelighed (Andersen, 2007, s.23). Den intransive virkelighed kan opdeles i tre domæner: *Det empiriske*, som betegner vores erfaringer og observationer, *det faktiske*, som betegner begivenheder, som forstås uafhængigt af om de bliver observeret og endelig *det reale,* som omfatter et dybt

---

[26] Andre fremtrædende repræsentanter er Ten Benton og den senere sociolog Andrew Sayer (Andersen, 2007)

og ikke observerbart lag (Danermark et. al 2003, s.47). Dette sidste lag indeholder strukturer, fænomener og mekanismer, som kan forårsage og understøtte begivenhederne, som optræder i det *faktiske domæne*. Hvorvidt mekanismerne er generative, beror i høj grad af strukturelle og kontekstuelle forhold, idet mekanismerne alene ses som kausale potentialer. (ibid, s.47).

Det intransive niveau skal opfattes som stratificeret i forskellige hierarkiske lag af virkeligheden, hvor det er kombinationer af mekanismer og fænomener i underliggende niveauer, der emergerer og forårsager nye overliggende niveauer (Andersen, 2007, s.29). De forskellige niveauer har egne generative mekanismer og ermergens og begivenheder har rod i mekanismer, som er aktive på forskellige lag. Derfor er det ikke er muligt at reducere begivenheder til enkelte niveauer. Naturens verden kan eksempelvis fremstilles hierarkisk fra laveste til dybeste niveau som fysisk – biologisk – psykologisk og socialt/kulturelt (ibid, s.29-30).

Den transitive dimension

Den transitive dimension udgør den menneskeskabte viden, så som teorier, begreber, analyseteknik og paradigmer og udgør således kritisk realismes epistemologi (ibid, s.23). Kritisk realismes skelnen mellem den ontologiske intransive dimension og den epistemologiske transitive dimension er meget central.

Bhaskar opfatter de to dimensioner som uafhængigt fungerende, idet der ikke uden videre kan tænkes overensstemmelse mellem virkeligheden og erkendelse af samme (Johnson & Duberley, 2000, s.151-152).[27]Den transitive dimension betragtes som en socialt konstrueret dimension (epistemologi), idet resultatet af videnskab altid omhandler det intransitive, men må forstås som sociale konstruktioner indlejret i vores kulturelle for-forståelser. Diskursive dimensioner og analyser anerkendes således nok som valide, men sandheden ses som "more than the outputs of a language game" (Johnson & Duberley, 2000, s.151)[28], idet der ikke gives teorineutralt sprog eller sproglig sandhed.

---

[27] Bhaskar trækker her på begrebet metafysisk (ontologisk) realisme, som strukturerne i verden ikke er afhængige af og til begrebet epistemologisk realisme (strukturer der er mulige at erkende kognitivt) (Johnson & Duberley, 2000, s. 151)

[28] Dette i tydelig opposition til socialkonstruktivismens anvendelse af Wittgenteins begreb om sprogspil

Det følger heraf, at der ikke gives grunde til at foretrække den ene form for viden frem for den anden (ibid, s. 151-152).

Bestræbelsen i den kritiske realisme, er at overskride modsætningen mellem subjektivisme og objektivisme. Med andre ord har virkeligheden altid en objektiv konsistens. Den er dog epistemologisk set altid begrebsligt formidlet og fortolket og dermed fejlbarlig og åben for korrektion. (Andersen, 2007, s. 15-19). Handling er meningsfuld og socialt konstituerende, samtidigt med, at der opereres med det sociale som en objektiv instans. Kritisk relativisme beskriver dette som den *intersubjektive vending* (Johnson & Duberley, 2000), hvor legitimitet må lokaliseres i rationel konsensus (ibid., 2000, s. 148).

I kritisk realisme er det altså underliggende kausale og generiske mekanismer, der forårsager de fænomener, man ønsker at undersøge, hvorfor man ved forskning skal fokusere på disse mekanismer. Det er nødvendigt at undersøge i dybden af fænomenerne, for at afdække de abstrakte intransitive mekanismer frem for at forlade sig på empirisk sansede begivenheder (Danermark et al. 2003, s. 20). Kritisk realisme distancerer sig her metodisk fra fænomænologiens betoning af det subjektive indtryk ved opfattelsen af, at en del af de bagvedliggende generative mekanismer ikke umiddelbart kan iagttages, men må identificeres analytisk (Andersen, 2007, s.12).

LITTERATUR

Aggervold, Mogens (2006): Er det gode arbejde stressende? I: Dalsgaard, T. (red.): *Stress – et vilkår i det moderne arbejdsliv?* Jurist- og Økonomforbundets Forlag.

Andersen, L.B.., Anderen, S.C. & Pallesen, T. (2016). *Forskning i ledelseseffekter på borgernes udbytte af de offentlige ydelser: Styrker, svagheder og fremtidige perspektiver.* Politica, 48 (2).

Andersen, L.B., Jacobsen, C.B. & Jensen, U.T. (2016). *Ledelse og medarbejdermotivation: Danske og internationale forskningsresultater.* Økonomi & Politik, 89 (1).

Andersen, S.Å. (2007). *Kritisk realisme som perspektiv i socialt arbejde: en introduktion og forskningsoversigt.* Den Sociale Højskole i Århus

Andersen, T. (1997). *Reflekterende processer – samtaler og samtaler om samtalerne.* Dansk psykologisk Forlag.

Bass, M.B. & Riggio, R.E. (2005). *Transformational Leadership.* Lawrence Erlbaum Associates.

Bateson, G. (2000). *Steps to an ecology of mind.* 2. udgave. The University of Chicago Press.

Berger, P. & Luckmann, T. (1991) *The social Construction of Reality.* Penguin Books

Bertalanffy, L. (1968). *General Systems Theory. Foundations, Development and Application.* New York: Georg Braziller

Bowlby, J. (1979). *The making & breaking of affectional bonds.* Tavistock Publications

Burns, J.M. (1978). *Leadership.* Harper & Row. New York

Cameron et al. (2006). *Competing Values Leadership. Creating value in organizations.* Cheltenham UK: Edward Elgar.

Cameron, K. S., & Quinn, R. E. (1999). *Diagnosing and changing organizational culture.* Reading: Addison-Wesley.

Chrobot-Mason, D., Gerbasi, A., & Cullen-Lester, K.L. (2016). Predicting leadership relationships: The importance of collective identity. The Leadership Quarterly, 27, 298-311.

Csikszentmihalyi, M. (2005). *Flow – optimaloplevelsens psykologi.* Virum: Dansk Psykologisk Forlag.

Czarniawska, B. (1997). *Narrating the Organization: Dramas of Institutional Identity.* Chicago, IL: The University of Chicago Press.

Danelund, J. & Jørgensen, C. (1999). *Forstyr mig vel! – reflekterende ledelse i teori og praksis.* Danmarks Forvaltningshøjskoles Forlag.

Danermark, B., Ekström, M., Jacobsen, L. & Karlsson, J. Ch. (2003). *Att förklara samhället.* Studentlitteratur AB

Deci, E.L., R. Koestner og R.M. Ryan (1999). *A Meta-analytic Review of Experiments Examining The Effects of Extrinsic Rewards on Intrinsic Motivation.* Psychological Bulletin, 125

Derridas (2002). *Difference.* Frederiksberg. Det lille forlag.

Drath et al., (2008). Direction, Alignment, Commitment: Toward a More Integrative Ontology of Leadership. *The Leadership Quarterly,* 19: 635-653.

Ernst, C. & Chrobot-Mason, D. (2011). *Boundary spanning leadership: Six practices for solving problems, driving innovation, and transforming organizations.* New York: McGraw Hill.

Foucault, M. (1982): The Subject and the power. I: H.L. Dreyfus & P. Rabinow (eds.) *Michael Faucault – Beyond Structuralism and Hermeneutics.* Chicago: The University of Chicago Press.

Gadamer, H.- G. (2007). *Sandhed og Metode: grundtræk af en filosofisk hermeneutik,* 2 udgave, København: Akademica, 2007.

Gadarmer, H.- G. (2008). *Philosophical Hermeneutics: 30th. Anniversary Edition,* University of California Press.

Geertz, C. (1973) *"The interpretations of cultures".* Basic Books. Inc., Puhlishers. NEW YORK

Gergen, K. J. (2005). *Virkeligheder og relationer.* Dansk Psykologisk Forlag

Giddens, A. (1991). *Modernity and self-identity: Self and society in the late modern age.* Polity Press. Oxford, United Kingdom

Goffman, E. (2005). *Hverdagslivets rollespil.* Hans Reitzel.

Goldstein, K. (1939). *The Organism.* American Book Co., New York.

Heinskov T. & S. Visholm (red.) (2004). *Psykodynamisk organisationsteori – på arbejde under overfladen.* Hans Reitzel Forlag.

Illeris, K. (2016). *Læring.* Samfundslitteratur.

Johnson, P. & Duberley, J. (2000). *Understanding management research.* SAGE Publications.

Karasek, R., & Theorell, T. (1990). *Healthy Work: Stress, Produkti-vity, and Reconstruction of Working Life.* USA: Basic Books,

Kuhl, J., Quirin, M., & Koole, S.L. (2015). Being someone: The inte-grated self as a neuropsychological system. *Social and Personality Psychology Compass*, 9 (3), 115-132.

Lawrence, P.R., & Lorsch, J.W. (1967) Differentiation and integra-tion in complex organizations. *Administrative Science Quaterly*, 12, 1-47.

Lazarus, R.S. & Folkman, S. (1984). *Stress, Appraisal, and coping.* New York Springer.

Leotti, L.A., & Delgato, M.R. (2011). Processing social and nonsocial rewards in the human brain. I: J. Decety & J. Cacioppo (Eds.), *Oxford handbook of social neuroscience.* New York: Oxford University Press.

Malantschuk, G. (1971). *Frihedens problem i Kierkegaards begrebet angest.* Rosenkilde og Bagger, København.

Maturana, H.R. & Varela, F.J. (1987). *The Tree of Knowledge: The Biological Roots of Human Understanding.* Shambhala

Mead, G.H. (1967). *Mind self and society. from the standpoint of a Social Behaviorist.* The University of Chicago press.

Meyer, J. & Rowan, B. (1977). Institutional organizations: Formal structure as Myth and ceremony. *American Journal of Sociology*, 83, 340-363.

Orton, D. & Weick, K.E. (1990). *Loosely Coupled Systems: A Reconceptualization*. Academi of management. The academi of management rewiew.

Ryan, R. M. & Deci, E.L. (2017). *Self-determination Theory*. Guilford Publications.

Ryan, R. M. & Deci, E.L. (2000). Self-determination Theory and the Facilitation of intrinsic motivation, Social Dvelopment, and Well-Being. *American Psychologist, vol. 55, No. 1.*

Schutz, A. (1975) *Hverdagslivets sociologi*. Hans Reitzel, København

Scott, W. R. (2014). *Institutions and Organizations - Ideas, Interests, and Identities*. SAGE Publications. Thousand Oaks, California.

Scott, W. R. (2008): Lords of the Dance: Professionals as Institutional Agents, I: *Organizational Studies 29(02)*, SAGE Publications

Scott, W.R. & Davis, G.F.(2014) *Organizations and Organizing: Rational, Natural and Open Systems Perspectives*

Scott, W. R. (2003)*Organizations – Rational, natural and open systems*. SAGE Publications. Thousand Oaks, California.

Storch, J. & Søholm, T.M. (2005). *Gensyn med Domæneteorien – domænerne og videnspiralmodellen som praktiseret metode til vidensudvikling i organisationer*. Erhvervspsykologi,(2).

Strøbæk, P. S. (2009). *Stress og socialitet*. I: Psyko &Logos, Årg. 30, nr. 2.

Tomm, K. (1988). *'Interventive Interviewing: Part III. Intending to ask lineal, circular, strategic or reflexive questions?'* Family Process, Vol. 27, (1), 1-15.

Trillingsgaard, A.R. (2015). *Ledelsesteamet gentænkt- sådan skaber I kurs, koordinering og commitment*. Dansk Psykologisk Forlag.

White, R.W. (1959). Motivation reconsidered: The concept of competence, I: *Psychological Review, 66 (5)*

White, M. (2006). *Narrativ praksis*. Hans Reitzels Forlag, København.

Weick, K. E. (1995). *Sensemaking in organizations*. SAGE Publications. Thousand Oaks, California.

Weick, K.E. (2001). Making sense of the organizations.

Weick, K.E. (1976). *Organizations as loosely coupled Systems*. Administrative Science Quatorly

Weick, K.E. & Quinn, R.L. (1999;379): *Organizational change and development, Annual Review of Psychology,* 50, 361-386, Palo Alto: Annual Reviews Inc.

Winnicott, D (1965). *Maturational Processes and the Facilitating Environment: Studies in the Theory of Emotional Development*. Karcac

Wittgenstein, L. (1958). *Philosophical Investigations*. (3. udg. (G.E.M. Anscombe, trans.)). Englewood Cliffs, NJ: Prentice Hall.